Ana Dediu

Translation and book preparation Sophia Dediu

Europe in 1985

A chronological and photographic documentary

DERC Publishing House
Tewksbury (Boston), Massachusetts, U. S. A.

Copyright ©2017 by Michael M. Dediu

All rights reserved

Published and printed in the
United States of America
On the Great Seal of the United States are included:
E Pluribus Unum (Out of many, one)
Annuit Coeptis (He has approved of the undertakings)
Novus Ordo Seclorum (New order of the ages)

Dediu, Ana, Translated by Dediu, Sophia

Europe in 1985
A chronological and photographic documentary

ISBN-13: 978-1-93975759-3

Preface

"Everybody, by nature, desires knowledge" said Aristotle (384 BC – 322 BC), and Benjamin Franklin (1706-1790) added: "An investment in knowledge pays the best interest".

1985 was a remarkable year: Ronald Reagan, 74, (1911 – 2004, aged 93.3) was sworn in for a second term as President of the United States; Mikhail Gorbachev, 54, (born 1931) becomes General Secretary of the Soviet Communist Party, de facto leader of the Soviet Union, and shortly he will peacefully change history; Reagan and Gorbachev met in Geneva; the Internet's Domain Name System was created; President of France was François Mitterrand, 69, (1916 – 1996, aged 79.2); Prime Minister of the United Kingdom was Margaret Thatcher, 60, (1925 – 2013, aged 87.5); China's leader was Deng Xiaoping, 81, (1904 – 1997, aged 92.5); Japan's Emperor was Hirohito, 84, (1901 – 1989, aged 87.7); Tancredo Neves, 75, (1910 – 1985, aged 75) was elected on 15 January President of Brazil by the Congress, ending the 21-year military rule (from 1964), but died on the 4th of March, before taking office, then José Sarney, 55, (born 1930) became President of Brazil on 21 April, until 1990; in West Germany the Chancellor was Helmut Kohl, 55, (1930 – 2017, aged 87.2; the current Chancellor Angela Merkel, 31 in 1985, (born 1954) started her political career as Kohl's protégée), the Schengen Agreement was signed between 5 member states of the European Economic Community, creating the Schengen Area, a bloc with no internal border controls (in 2017 – 26 states).

In these exceptional circumstances, my mother Ana Dediu (1912 – 2010, aged 97.6) writes with much talent and candor, to my wife Sophia, about events from 1985. There are also many attractive and historic photographs, which add another dimension, giving the possibility to see different places at different times, with different people. The more you read, the more you'll love it!

This book brings a rainbow of interesting information, which will certainly enhance everybody's joie de vivre!

Michael M. Dediu, Ph. D.
Tewksbury (Boston), U. S. A., 28 December 2017

Europe in 1985

Table of Contents

Preface 3
Table of Contents 5
Part 1 7
Chapter 1.1. End of summer 7
Chapter 1.2. Autumn is here 41
Chapter 1.3. Conclusion of this story 74
Part 2 99
Chapter 2.1. Sfârşit de vară 99
Chaper 2.2. A venit toamna 126
Chaper 2.3. Sfârşitul poveştii 152
Other books 177

Europe in 1985

Part 1

Chapter 1.1. End of summer

The source of my survival is reading and writing. Through reading I fight with all human sins and writing helps me not to choke. I'm living in this house with these two friends talking and communicating with you. Your great letters communicating to me your great achievements make me feel stronger.

The phone call we received on August 24, 1985 made me start to write more about our daily life. I felt that you are concerned about our well-being, especially about Virgil, who spoke with you very sluggish and without any energy.

But where do I start? The title is always hard to figure out – and the first sentence? This is how I am; every beginning takes me a lot of time!

But if some time ago I was younger, I feel quite young today if I venture to start this Diary.

Let me start with my greatest concern - the problem of my life - the admission of Virgil in the Geriatrics and Gerontology Sanatorium from Otopeni.

I started my investigations in the autumn of 1984, and I needed a thread of Ariadne to get out of this maze. I found out that hospitalization arrangements are taking place in Bucharest on Spătar Street. Here, at the Information were some young ladies who gave me little summary information.

This spring, they told me, only foreigners are admitted in the summer! But I was going to insist, but I did not know anyone, I was looking around but there was no one to ask details and I was returning sad home.

<u>5 July 1985</u>

I went back to Spătar Street and walked around, when I see a patient lady, still in control of herself, who had some uncontrollable shoulder motions. I'm approaching her, and very shy I asked her:

"Why are you here and what do you have?"

"I had some infiltrations in my shoulders and now I feel some pinching. But what do you do, what treatment do you follow?"

"I would like to hospitalize my husband at Otopeni and I do not know how to do it."

"Wait Lady, I'm going to introduce you to my Doctor and her assistant nurse. They are very nice people. What order number do you have?

"18"

"Oh, with this high number you'll not be admitted for consultation today."

She, discreetly, talks something with the nurse, a very nice young woman, who turns to me, takes my hand and immediately introduced me in the cabinet telling to those who were waiting that I am scheduled for admission.

The doctor was a small brunette lady, but talking very fast.

"Please come in, if you like to be examined today."

"Well! Madam Doctor I want to be admitted with my husband."

"Have him come!"

"Well, he does not want to come for consultation because he's nervous and he cannot wait!"

"This is something we do not admit; he must be healthy to be able to move because we do not treat any disease but only old age"!

"Madam Doctor, but can you come home to see him?" I dare to ask.

"Because he has diabetes - it's not nervous as sickness."

She reflects for a moment, and says:

"I'll come to your home on Monday. I have your address."

And, to antedate, for your curiosity, she came!

I get out of there - those who were waiting made room for me to pass because I have done it so quickly.

The Lady - my savior - was waiting for me. We went to a café shop and I treated her with cake and juice. She kindly advised me also how to go to Otopeni. She told me what and where to get the buss that goes there.

I was in the ninth Heaven. But I faced the first deception - they had no openings. There are many requests, being the only center in the country - of the Western type - each studio has a separate bathroom and toilet.

"It is not true that we do not admit also Romanians. We have scheduled places for foreigners and for Romanians year around." explains the lady from the Sanatorium.

She's very polite. She asks my phone number and said:

"About on the 20th I'll call you or you call me home. I do this as a great favor for you, because I'm always busy at work."

Right now, came Lică who agreed to the admission.

On July 21, Lia, Luiza and Lică are scheduled to come to see Virgil.

On July 23 I get a call from the lady from the Sanatorium. She called to tell me - the night before - to come in the morning for admission.

Lia, Lică and Luiza advised him to accept to go because they found out about the fame of this Sanatorium. But Virgil became angry and kicks them out. They had to go to sleep at Doina (the daughter of Bădia Ionică); only Lică is tolerated one night.

Every day Virgil goes to our market, here close by, and shops for food, the merchants, curiously, ask him if he always has guests. And he gets upset and stops talking to them.

Inside the house he stays in his room with the windows toward the street and does nothing, he likes loneliness and I leave him so, while I always have something to do, because I feel still young.

5 August 1985

Today we took tram number 3 and went to the suburbs of Bucharest. I thought I could take him to Otopeni to show him the Sanatorium but he did not want to go there. We went through the passage, walked into the park, walked to the lake and reached Expo flora – across from the Village Museum.

Here is a permanent flower exhibition – with large or small patches of multicolored flowers that cheer up and delight my soul. But he does not pay attention to this charming scenery and with his small steps wants to walk to go further. I am stopping; waiting for him I inhale the scenting fragrance and watch from above the beautiful fascinating floral mosaic. But he goes and goes, has no patience to sit on a bench and stops only at the store called Triumph. From here he buys everything he finds: peaches, apples, eggplants, peppers, butter, cheese, noodles, and so on. Not because we need, but because he likes it. In general, if he does not find anything else, he buys three loaves of bread, a cake, a roulade, bars 7-8, etc.

It's a great heat wave 40° C during the day and at night 29-30° C.

7 August 1985

From Otopeni, they announced me that on August 8th we should come for admission. I asked them if we can come around 10 o'clock because my husband does not want to take a car. She understands and accepts she does me a great favor, for which I thanked her.

Virgil goes to the market.

I started to make the luggage for hospitalization: mine in a bag from you and his in another one with zipper.

He comes home loaded with: 3 Greek chickens and 5 melons the ones which are long and whites, each of about 5-6 Kg. So, everything with the hens was over 30 Kg.

It was in the afternoon. He sees that I'm preparing the luggage, but didn't say a thing. He goes in the kitchen, lays down with the face up and starts shouting: "I'm dying, I'm dying, I'm dying, I cannot anymore!"

"Oh, my! What do you feel? What hurts? If you carry such heavy loads!"

"It hurts, my whole body hurts, I'm dying, I'm dying!"

"Let's call a doctor or the emergency; Oh my God!"

"Nooo! Do not call anybody let me die!"

I'm trying to rub his temples, but he shook like I was touching him with a glass papier and yelled:

"Leave me, leave me!"

I went to the phone and I called the doctor from the admissions at her phone number from home, because it was around 7-8 in the evening and I said:

"My husband doesn't feel well, I do not know what he has, maybe is the heat because it was hot today! I cannot come there tomorrow because I do not know what's wrong with him."

She was compassionate and sorry about this because she knew how long I was expecting this day of August 8th.

Virgil rose up as soon as I told him that we were not going tomorrow to the Sanatorium. He ate and then went to bed; we did not look at TV as usual.

All night long, I watched him; in the dark I approached his bed and I was anxious to feel his breath, or if he was making an involuntary move then I was pulling slowly away from him not to wake him up! Other times I was sitting in the door of the room listening and holding my breath to hear the slightest movement; and so it lit up the day.

Exhausted, I laid, dressed, in my bed, and I felt asleep. I suddenly awake and worried ran to his room but he wasn't there. I'm going to the kitchen. Lord! What do I see? He had backed about 10 eggplants and cleaned about 30 peppers fried by me the day before, just to convince him that we were coming home from Sanatorium on Saturday and Sunday and to have food. He was very happy and glad because he escaped the second time of admission.

"But what did you have? Did it pass, my baby, my chick biddy?"

And try to kiss him. But he protects himself like from the fire. He raises his head up to have me kiss his hairy, bony chest. He's weaker now and has little meat and fat at all.

"How happy I am that you got well!"

During these times of my struggle, he always told everybody on the phone that he is not going to Sanatorium! Why is he now so cheerful? I mean pleased, because too happy he's never been lately.

14 august 1985

We have a heat wave you cannot breathe. In the morning, now is 30° C. I went again to Sanatorium at Otopeni. I ran after the buss, then ran after another one, got off, and then ran after another one, this time was number 149. This was the one I needed. Now I slowed down.

The bus stops right at the gate of Sanatorium. I'm walking on quiet alleys, with flowers on both sides, and just in the middle of the forest there are two white buildings, not too tall, like villas. I'm walking behind the buildings and I notice that there is an enormous garden full of fruit trees; loaded pear trees, apple trees with small red apples because they were too many and did not grow big. On the ground is a thick layer of fallen fruits from wind or because are damaged by fruit worms, then all kinds of plums trees with smaller, bigger, round or long blue fruits, others are big and white, others reddish, big and juicy. My mouth was watering. I pick a few from the ground, because here is very clean and because it is far from the dusty main road. This Sanatorium is in the middle of the suburban village of Otopeni. The only bus which comes here returns after one more stop after this one.

It's a somewhat sad silence, it's sad that the fruits are untouched.

From the end of an alley I saw someone coming dressed in trousers, too small to be a man; when came closer I see that its hair is cut very short, she's a woman.

I asked her how she feels

"Come ci come ca" she answers. She's Romanian, but she leaved many years in France. And I was thinking, how stylish she probably was and what a feminine hairstyle she used to have. Now she looks like a male.

From the other side of the alley comes someone else, a slim person short-haired. Is this a woman or a man?

"How do you feel?" I asked.

"I'm in convalescence after a surgery."

It has a beautiful white-pink skin. Tells me that he is 83 years old and his wife died at 80 year-old; so he's a man, but he has a voice like a woman. He invites me to see his room which is for two people, similar to what I was looking for Virgil and me. The room has two beds, a table, two chairs, two wardrobes. I stood in the door; he does not sketch any gesture of politeness like a man! And I'm leaving, he remains behind.

I think the elders do not have sex anymore. They are like angels only, male or female like nymphs. They are like helpless and toothless babies, similar to children up to one year old. They have an extinguished voice, a gentle gaze, and a transparent, fine-looking face with no expression in their eyes.

So, it's sad in the Sanatorium of Geriatrics and Gerontology.

At the gate, I wait for the lady from the in-patients to explain the situation with Virgil, and what I'm going through and to ask for an advice, what to do?

"If it's so capricious then he'll be discharged after a few days. I've never heard of such a case before, we do not accept such unmanageable people."

But I insist and she promises me that on August 26th I will get the third appointment.

It was very hot, I returned home all perspired, and I started to cough, and I started to have chills. I wrapped myself with all the blankets I had around, I put a hat on my head. I asked him to make me a tea and put some bottle of hot water on my feet. I was trembling of cold while outside were 40ºC. After drinking the tea I started to get a little warm, but I couldn't breathe, I felt pain at the bottom of my lungs. I think I have pneumonia. He was looking at me and he couldn't do anything for me. Slowly, slowly I started to calm down my chills and he started to scold me:

"Where have you been until now?"

"I was at Otopeni."

"Didn't I tell you that I don't want to go there? I do not want! Do you understand?"

I cough and breathe hard, he went to bed and I shivered for some time and then I fell asleep (after taking an aspirin).
The next day I woke up feeling better almost healthy – didn't I tell you that I feel young; no illnesses are catching me!

17 August 1985
Matei came alone in his car to take us to Sibiu, if not, perhaps to drive us around. But Virgil refused categorically. It was impressing and a great gesture from his part to drive all the way to Bucharest from Sibiu because this is a physical effort and also because the gasoline is rationalized for personal needs, not for long journeys.

23 August 1985.
It is very hot, I slept all night with the window wide open (Virgil does not open the window in his room at all, only when we do the big cleaning at 6 months). He pulls the louvers every night and leaves them in the kitchen a little open. He is afraid of thieves. I tell him that if the thieves come to me I'll send them to him, because there is the money.

It was noon and he did not get up yet. I went to him and caressing him and with sweet words:

"Come on, my little chick!" and I made him sit in the bed. I went quickly to the kitchen, made the coffee, I took the salami of about 1/2 m long and cut a few slices, clean off the skin, cut them very small, put a little cheese cut into squares, washed and cut a beautiful red tomato, I poured the coffee in the cup and waited for him to come. But I see he does not come anymore. I went to him.

"Oh! My! What's happening with you?"

I ran desperately to him. He was laying down on the floor!

"I fell!" he says slowly.

"How did you fall? Did you heart yourself?"

Open the louver and I'm starting to check his body, everywhere looking for wounds, but there's no sign of hit.

"Come on, come on get up."

"I cannot." he says.

I grab his back and I put his head to rest on the bed. I tried to put him in sitting position and straighten the legs in front of him to establish some equilibrium on the body because he was wobbling.

Then I grab his hand.

"Come on, hold yourself with the other on the bed." But his legs were sliding on the carpet.

Then I bend down and put his hand on my shoulder trying to get up, but he's heavy and I cannot move him at all. I bend down again and try to put my arms around him to pick him up, but my leaning position did not allow me to get up with such a weight! I changed his hand and my shoulder.

"Come on; support yourself with the other one on the bed."

But he was sliding with his feet on the carpet and with everything, and I could not lift him at all. I changed my position again, I switched him a little and I succeeded to put him in a sitting position but facing the bed. I embraced him with my short and helpless arms for such a load that surpasses me and I try to raise him to his knees.

"Come, come Virgil!"

I urged him with a low voice and with a long and broken breath.

"Come on, prop in your hands a little. So, let's do it again, a little more, a little more!"

When I was to put him on his knees, I lost him. With no power left in me, I sit on the edge of the bed and look helplessly at him who was more powerless as I was staying with his head and hands on the bed.

The sweat roll along me, it went on my eyes which were burning, and in my mouth - it was salty - it poured on my back. When I was in full swing, large drops were dripping over his cheeks and wetting his pajamas.

"Come on; come on Virgil, a little more!"

And with some willingness on his part I put him on his knees! It was a first and great success. But I could not even get a break to catch my breath because he was wobbling from side to side and slide his body on his butt. I grabbed his trousers and pulled it to raise it up a bit. I put one foot under so I can grab it with my hands and pick him up.

"Come on; come on, one more time."

And in a tremendous effort, I pushed his buttocks with both hands and I overturned him, like a sack, on the bed facing down.

I was exhausted, I was choking, could not breathe. Just a few days before, I had those chills and difficulty in breathing. But as I looked at my job, as he was now in bed, raised by myself, I recovered almost immediately. The satisfaction, the gratification of doing a great job for your loved one in a distress situation, gives you higher strength and you forget the effort! And through that I proved that ... I still feel young!
I brought him a coffee in bed and I said,

"Can't you see how the energy leaves you? Here at the Sanatorium they'll make you stronger. You'll see!"

"Noo! I'm not going! I want to be free as long as I live and I want to die in my bed!" He roars with a lion's voice!

And I'm thinking he's still got power!

"You really do not want at all, at all? Look on the 26 we have the third appointment."

"No, no, no, no!"

Then I went and I called the Otopeni to tell them that I give up the third hospitalization appointment because my husband does not want to be hospitalized. My connection was very surprised. She expressed compassion for me, but she could not do anything.

Virgil got up, dressed himself, came to the kitchen, and ate what I had prepared. He took some bags as usual and left. He did not explain how it came to fall down; maybe he became dizzy. I was thinking and I felt relieved that this episode passed so quickly.

He returned back home late with six long white melons, 3 kilograms of feta cheese.

"Oh, my God, how was it possible to carry such a weight when you could not get up from bed a few hours ago? Two hours I struggled to get you up in bed and now you came home with 40 Kg?"

He did not say anything.

What's going on? What's going on? Last time he became suddenly ill and today again! But it was good that whatever it was it passed. However, now I am nervous that it will happen again because he walked a lot in the sun; he stood in the queue, and carried such a heavy weight!

After he went to bed I was concerned for him all the time, but he slept quietly.

24 August 1985.

Today was holiday, we watched TV, had lunch and he said: "Let's go to the Horizon complex store."

On the way there is a small market between the flats, about 4 Km away. I, hard-working, and clean as you know me, I told him:

"Go ahead, and wait for me in the Ovidiu and Horațiu Park (in front of Mrs. Margareta Helvei's house) because I have to finish washing the dishes."

Since I was little, I've learned not to let the dishes to dry because then you need more water and also warm water to wash them and the fountain was far away from our house. I finished quickly and went after him. He was sitting on the bench, and saw me. I notice a smile on his face! Here, in this small park are some great plum-like trees, full of pink flowers in the spring, and then they produce many small, round, plummy fruits, which are sour when are raw, and sweet when they get ripen. Our grandsons were climbing them, and we anxiously were calling them:

"Ovidiu, Horațiu, do not fall."

"Oh, my, Horățel I'm getting dizzy, you're climbing higher instead of coming down."

And he laughed.

"How do you get dizzy Pupa Ana? You, Bubule do you get dizzy?"

"Not! But be careful not to break your necks" advised them grumpily.

While I saw him smiling I thought that we both we're thinking about those past moments!

He gets up and I take his hand, he pulls it off. He always does this, he does not like to be touched at all, and he shakes it as if I sting him!

And we start walking to Horizon. I cannot walk as slow as he does, I feel young. I walk ahead and I wait for him at the corner and look at some books in a bookstore's window. He arrives.

On our way there is a pastry café shop which has some tables outside. He enters and takes two cheese pies and two glasses of juice, holding them in one hand. They're spilling; I quickly help him and take his glasses. We sit at a table. This may be his only pleasure to serve me, only here and only with these delicacies. I am glad and eat with great pleasure!

We're also going through the market which I thought it will be empty, but there were a couple of sellers with pears and apples. Virgil remained behind and then I see him coming with a newspaper bag: he bought a kilogram of pears and the seller put them in this newspaper. This could be, maybe, the first time in his life he left home without at least one bag. At another table he asked for 4 kilograms of that merchant's pears. The merchant puts them on the table. Virgil looked at them; he could not put them on the newspaper bag, it was too small. He did not think he had nothing to carry them with. His mind is not functioning. The merchant interpreted that he liked his merchandise because his pears where the best at that time in the market, and after many searches he gave him a bag for free.

And so we started to walk home. He asked me to help to carry the bag because it was too heavy with 5 kilograms. But when he's not with me, he comes home carrying 30-40 Kg alone. I cannot walk so slowly, that's why I took the bag and I walk alone. I waited for him at the corner and then on the bench where we stood before. From here on I did not stop until home.

After a while someone knocks at the door.

"Look on the visor!" he says, but I opened the door at once. It was Miki, Tincuța and little Ana-Maria. They came to see Virgil because I had told them that he fell out of bed. They were glad that they saw him so well and he was glad also that they came to see him. They asked him why he fell. What he felt, but he gives no explanation. I helped him out from this situation and I invited all of them in my room for beer and two kinds of pies, one with cheese, to go with the beer, and another sweet with apples. I did not drink at all because I was still coughing and having a sore throat; I was sucking some herbal calming candies.

Miki was telling us how he had to go to the parade and he was glad that it ended faster than usual.

And while we had this small get together the phone rang and we hear:

"Hello Hello! Ma mère!" I hear in the receiver.

"How are you?

"Hello, good, mother, here we are with Miki and Tincuța. How is Sophia? How are Ovidiu and Horațiu?"

"We are all fine Pupa Ana, but how are you?"

So I hand the phone to Virgil, who with a weak voice was repeating:

"I feel weak, the feet left me, I do not have energy, and I'm not going to the Sanatorium. I do not need doctors or medication from you."

We were very surprised and really happy for the conversation with you. I rarely use this word because it seems to me that is pretentious and happiness is very short, but now it was the proper time to use it.

Virgil always speaks in this way; 5 years ago when I was alone to visit you, he was like, "Come home; I'm sick, I'm weak." I think you are also convinced that in reality is not like that.

After we have finished with this great and pleasant surprise, we realized that we should have given the chance to Tincuța and Miki to greet you and say a few words to you.

As always, I express my gratitude and profound admiration that you always find a few minutes to remember to call us. Especially, I have a great esteem and admiration for our relentless and eternal gentle and good daughter-in-law, Sofica, who is as great as a wife, mother, housewife, and above all there is also a good and respected teacher and computer instructor. She's a great heroine of our time. Let's try to spare her!

Europe in 1985

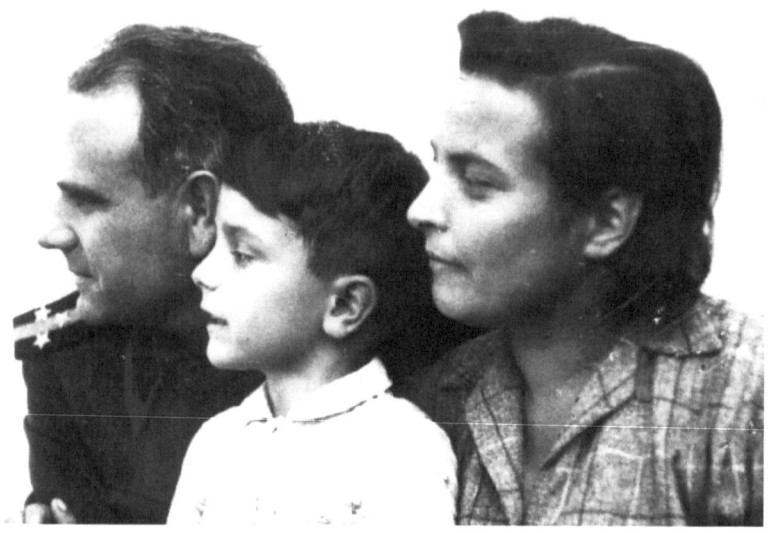

25 August 1985.
"Let's go to the cemetery," says Virgil after breakfast and after waited a little for me to wash the dishes.

Until the news-stand it was ok, but from there on it was impossible to breathe; the sun was burning, the asphalt was soft and kind of melted, as if it were in an oven.

"You know what? Let's go until the market to seat on a bench in the shade because it is impossible to walk around." I said. It was two and a half. At this time the heat is at its highest. He accepted but did not have the patience to seat for too long. He walked around the market which being Sunday was empty. But it was never full in other days.

You even do not know that here has been built this large market, covered like a hall with concrete countertops, with two water faucets, with rolling doors from one side to the other, so all the comfort; it has also a beautiful written colorful panel - blue and red - but the goods of whose prices are displayed on it have never been seen in the market, only a few (2%). If you ask someone: "Is there anything at the market?" "Yes, tables" is the answer.

After he finished the walk around the market then headed to the street where the meat, bread and food shops were, but all closed. I waited for him to come to me, but he took a smaller street towards cemetery. Good thing that I noticed otherwise I would have sat there waiting. This is how he does. He goes away and does not say a word.

I felt awful hot, but he wasn't. He says:

"I'm looking for a former boss who died not long ago," but he does not know his name.

Here it seems to be somewhat cooler; I stop on a bench; he goes to the place where are buried the most prominent people, unfortunately still mortal. He stops at every funeral monument - all made of white, black or combined marble. Some had two large plots as four of Dad's; but in vain, no one ever gets up! One of the immortals has buried here the daughter of 23 years. Her beautiful and young face is engraved in the white marble with long and wavy hair in the wind! At her head is her 24-year-old brother. Here's an unhappy family who lost two children! Although he has great power in this country, how small he is in front of the great nature!

And Virgil goes further on the other side; I go to my dad's grave, thinking that he must go over there too! Indeed, here he comes; he picks up wilted roses, wants to break one and breaks the shoots entirely from the root, so he has plenty of power. I'm sorry, he is not. Some roses are blooming bright pink color at the base of the petals and almost white at the top. They are cheerful and fresh, though I did not water them (he does not let me) and it did not rain for several months.

He goes to the other side and continuously looks. I'm heading towards the exit; I am exhausted of heat. He's looking, he's looking a lot at everybody, and he likes it here in the cemetery because nobody's asking him anything. He does not even feel the heat, he does not get tired, and he likes to be quiet and alone! What is he thinking? Or, maybe he does not even think! I wonder what time could it be? He finally appears.

"Have you found it?"

"No" and leaves without resting at all.

Its 4 hours of walking. And we're heading home. I walked ahead because I'm thirsty, he is not. But I had to wait for him because I did not take the house keys with me today.

It's still hot, but the sun is lower on the sky and it's somewhat cooler 38° C instead of 40s. At home I see that the time was 7 PM and we went out at 2, so five hours Virgil walked without stopping, more than 4 hours only through the cemetery! That's very good, he resisted the long walk; I cannot. I went into the bathroom to cool down because I was all sweat. He did not perspire, nor is he hot.

He went in the kitchen and sits on the bed. Here is hotter than outside because the afternoon sun is on this side. You cannot breathe, but he said that it is not too warm for him.

That's how we spent in active and enjoyable way one more day of this summer.

Europe in 1985

26 August 1985.
In the morning, until he gets up around 11-12, I cook, I made two trays of pie, as I did also two days ago, I make my bed every day, I sweep the floors, wash the kitchen floor, the toilet, the hallway at the entrance, and when I finish I start reading. So I do not have "dead times".

Today I don't remember what I was looking for in "The States of the World", the book of Malitza and at the Kuwait state I see that the living level is $11,640. I couldn't believe, I'm looking with the magnifying glass, this wasn't an error. Since he does not say that they are on the first place in the world, I thought that maybe there is someone else. I started to write at each state not the "living standard" but the "national income per capita".

I start to shuffle the book and when almost at the quarter of the book I see that the United Arab Emirates has a per capita income of $13,500 (first place in the world). Well, that's what I was looking for. Unbelievable but true. But now I look for the last places. And there are 3 states: Bhutan $70, Cambodia $70, Laos $70. And I'm also looking for the top places: Sweden $6,720, Switzerland $6,650, USA $6,640, Canada $6,680 RFG $5,890, RDG $3,430, 2nd place Czechoslovakia $3,220, 3rd place Poland $2,450, 5th place Hungary $2,140, 6th place URSS $2,300, 7th place Bulgaria $1,770, Yugoslavia $2,450, Romania $1,000.

It's interesting, don't you think? And some surprises, for me, which I'm writing for you too. If you knew them, please forgive me and consider me as being behind with my general culture!

After we eat, Virgil invites me to Orizont. But outside is another wave of heat, never the less I told him:

"Wait for me in the Ovidiu and Horatiu's park, because I have something to finish."

I thought that I didn't stay too long, but when I arrived I did not find him on our bench; he was gone, he cannot wait, has to go. I seat for a while and when to get up and leave an acquaintance calls me from the window to go to her. So I didn't wait for a second invitation and I went because I did not talk to her at all since yesterday! This lady was home alone and we spoke until we got tired. In her case she gets other people visiting, she has a husband and a four-year-old granddaughter with whom she talks, while to us does not come anyone and I do not open my mouth all day long because, Virgil does not use to talk.

I have no idea how long I stayed there, but when I got out from the alley I see Virgil walking around the corner. I did not have to run to reach him because he was slow.

"Hi, there. Why did you stay so long? Did you drink juice with pie?"

"I did not drink, I walked through the market."

He was loaded with three heavy bags of about 4 Kg. each.

"Why did you buy so many potatoes? You should have bought them from our market being closer to us. How much did you get? Also I see onions, cheese, melons? "

"I do not know."

At home I weighted them all and there were 5 Kg potatoes, 5 onions, 4 Kg feta cheese and three melons: a total of 20 Kg.

"Oh! My! You're going to get sick, again you carried over 30 kg. and from such a long distance. You're never getting enough, what are you going to do with them?"

"I will eat them."

But definitely he cannot eat that much, because he buys more than we both consume and always I have to throw out on the garbage because he does not allow me to give to anyone else. He has an eager insatiability to buy. He has a great appetite, but he cannot eat all he buys. He eats any salami, he buys minced meat and I make for him stuffed peppers. He tells me to make two pots, but I do in two smaller pans and it still lasts for two weeks. And he doesn't get bored of them and does not let me throw them out, even if there are only two peppers left! He has an extraordinary stomach that receives anything old even altered. The leftover salad from a large bowl, catches after a few days a kind of whitish mold, but he mixes it and says that it has nothing and eats it all-all! He never had indigestion. His heart also is good, it has no rhythm disturbances. Actually, you already know some of his habits as well as my own oddities, and you've verified or found others when I was there.

Now let's analyze - after I described as best I could to be understood - why Virgil did not want to be hospitalized? Why did he agree at first and then behave so strangely?

When the doctor came home, he underwent a medical exam and agreed with the arrangement that both of us would be hospitalized to the Sanatorium. Furthermore, he told me to go to Otopeni and make all the arrangements and he will go straight to bed.

Immediately, I went to fulfill his wish, because all my life his desire for me was "an order", and all the more so now! When I came without having "a complete executed order", he said:

"If you did not do all the formalities you did nothing."

In vain, I explained to him that there were no places at that time, he was disappointed. He considered himself offended that he as Colonel in the army, war veteran, anti-fascist fighter, decorated with so many orders and medals had to wait for a place?

So the frustration is the primary reason. But he did not say anything, and I thought he took it as a postponement, I could not imagine he would not go when we were admitted. He did not say anything to me; he did not ask me anything but kept it in him.

Passing a couple of days and me not informing him that we have to wait for his bed at the Sanatorium, he started to tell to Tincuța and Miki that he does not want to go to Sanatorium anymore. He did not tell me directly because I would have asked him for an explanation. But when after about ten days I told him that we have the appointment (first), it happened to be Lia here, then he howled like an injured lion that he does not want to go. I was shocked.

"I do not want to go to Sanatorium" he was repeating; so he does not want any more now, but then he would have been accepted. So this is the retaliation that they did not give him a place right away when he wanted it. I repeatedly tried to explain, but he refused, he took this decision, and no discussion!

But I did not stop hoping that he'll reverse this hasty and unreasonable decision, because there was no urgency but there was the ambition to be respected, to be offered immediately, and not to be postponed for even a day!

When, as a faithful servant which I was and I still am, not as a wife with some privileges at least, I announced our second appointment on August 8, then he did not know what to do, how to escape and not give up the ambition that grew in him with every day of waiting!

I was making the luggage, he was not saying anything. Suddenly I heard his voice, I thought he was calling me and as a humble slave I ran to see what the matter is? He was laying in the bed and roared:

"I'm dying, I'm dying!"

"What do you have? What happened to you so suddenly? What it hurts?"

"Everything, I'm dying, I'm dying!"

I had to make another phone call to tell them that we cannot go for admission, my husband is sick. He hears; he has a very fine hearing, and suddenly all his pains went away as they started. He gets up, eats and then goes to his room. I think that he was very glad that he managed to succeed to maintain his decision. But in those moments I thought he was sick and I was worried all night; but he slept well and got up well and baked some eggplants maybe to reconcile with me because other time I would have begged him and he would not do such a job, now I did not say anything; maybe he wanted to make me a pleasant surprise. But the effect on me was just the opposite.

"How, come? You're not sick anymore? It passed everything so fast? Great miracle, prays to the Lord!"

Within a few days I went back to the Sanatorium and I had to explain to them our situation. They said that they did not have ever this situation to have someone give up a place when it is so hard to get a room for two; a place for one is easier to obtain.

"Where have you been for so long?"

"At Otopeni"

In a couple of minutes I get some chills and a cough as I said before (not even now I got rid of my cough.)

"See if you go in vain on those places?"

But I had not been there for nothing because I had obtained the third appointment for August 26th, when a room would become available after a family would leave.

He said nothing. Within a few days I find him down on the floor, as I told you about that day. I canceled the appointment again and he gets healthy and goes to the market.

Tincuţa and Miki came to see what he had, how come he became ill, but he could not explain, even made some jokes that made them laugh.

And I'm thinking at night why did he change? Why didn't he refuse from the beginning? What is all about the sudden sickness and recovery? I come to the conclusion that, besides the disconcerted but obvious annoyance, there were other arguments in his mind.

"Virgil, which is the reason that you do not want us to go to Sanatorium any more", I talked to him calmly.

"I want to be free, and to die at home."

"Well, you can come home when you want and we stay there for only 21 days and the doctor can reduce or prolong them."

So, the freedom is the second cause. He wants to have no program, no restriction on anything, no medicine. And where and who can give him full freedom than I and here at home?

The great fault is mine because I did not refuse anything to him, he did everything he wanted, and I submissive accepted, docile, and gentle "as the Mother of God" as he said about me when it was about this kind of attitude towards others, not to him.

If I would have been stronger, worthy, even a little pretentious, if I would not hide my pains when I was sick so I would not hurt him, now he would not have been such a whiner on the phone with you and with me when I was there. He would not be now so spoiled and panicky at a small pain or even at those imagined.

When he saw that the day of admission came over him, he was kind of desperate (I imagine) how to escape? Convincing arguments or good reasons he did not have then in desperation he starts playing theater! Theatrical hit that dies, and he fell from the bed. He knew for sure that this would impress me, that I would express a tremendous pity of him which only I could.

The desperation, the tremendous fear of losing some of its freedom made him act this way as a last resort.

Pretending his imaginary sickness he managed to get me totally dedicated to save him! I felt sorry for him and found that he was not guilty of having to resort to these latter methods, but that I had brought him into this state and this reproved my conscience.

My great guilt, I believe now, consists precisely in this physical and moral deterioration, because I did not have the strength to force him to do something good for himself even without his will. Which child takes medication for pleasure? The child learns to protect himself from the fire by slapping his hand before he touches the fire!

When I was going to the doctor for bandaging after my surgery, I was running away from the doctor who performed my surgery because I was afraid of him, because he was harsh and merciless. I had others changing my bandages that were gently, and painless, because I felt better this way. But when my doctor met me again, he called me severely to him and said to me:

"You ran away from me, come on? You went to be comforted not to get bandaged! And what responsibility do they have? I did surgery to you and I am responsible for your healing! Look, you got infected. With them you end up in a year with a wound that does not heal anymore!"

And he pulls and cleans the pus, mercilessly, and it hurts and I cry of pain; but he mischievously and ironically raised his voice:

"Here it is! It hurts now; but you will come back only once, and you will be cured only by two dressings, not unhealed in 200!"

Therefore, the good things are sometimes done using force in children and even in older people - like me – because nobody likes the pain.

Many times with gentleness, with kindness you do more harm than good. If I wouldn't feel sorry for him the next day I should have awake him and take him by force. But how? He is heavy and cannot get him in my arms? I should have found a method and now he would have walk better, he would have been more rational! But then I think also that going there he would have said that he does not want to be admitted, or he would not follow the doctor's instructions and he would have been kicked out after few days, because this is what happens with those who are recalcitrant. However, anyway I would look into this, the problem of admission remains a great failure, a great guilt of mine for which I will reproach my conscience all my life. I did not do it all, I know for sure; but what and how I should have preceded this I don't know even now.

Think about this yourself and tell me where I've been mistaken in failing to improve his physical and mental condition and to extend his life as close as possible to a normal person. I say that his resistance is not something normal. If you find a method that you think is good call me.

I also have one suggestion from the Sanatorium of Geriatrics and Gerontology:

"Get him forcefully admitted into nerve ailments department - only there is admittance ignoring the will of the patient, who is not normal. After he gets treated and calmed he can be transferred to us."

But does my heart sake let me do this? I would feel that I'm assassinating him. I'm afraid he'll make an irreversible shock.

Even at the Sanatorium I'm not sure if they could make some general repairs to get his feet in better working condition, but as I showed you he goes over 5 Km a day - but I would have had the conscious feeling that I did everything it was possible, but now I will be eternally unhappy although I do not know even now what to do.

27 August 1985

He said he could not go anywhere today when he got up at 12. But I urged him to move that he was otherwise will become ankylosed.

"Walk to the bread store." You know that it is the closest store to us.

Instead he went to the food store which is much farther, on the September 13 route. He came back with 8 packets of fresh cheese (250 grams), 2 packs of butter, and two loaves of bread. He left them in the kitchen and said he was going back to the market. He came back late, I was concerned. I think he went to Horizon store. I did not want to know what he bought so I would not get angry. Next day my food kicked something under the sink. What do you think he bought yesterday? Watermelons! Yes! Yes, black skin, round watermelons, five of them. Each was weighing around 4 Kg. The are smaller watermelons and they sound empty, sign that were over ripened, plus 4 Kg of apples and pears together. He brought them from 5 Km away. Isn't this a great performance? He claims that he doesn't know what to do with the money. He buys everything he sees. But sometimes what he buys gets bad and I have to toss them away without him knowing.

28 August 1985

The weather has cooled a little; but I still slept with the window wide open, and it was not cold, though I only wrapped myself with a blanket which remained from you. It has nice colored sheets. They are very good because I have two, and I always feel closer to you all when our grandsons were only 9 and 10 years old. I have their images in my mind at these small ages although when I came to you I saw them nice grown lads.

Now at 6 PM there are only 31 degrees, not 36-40 like in the previous days.

Virgil got up around noon, ate something, drank coffee, and I invited him to walk on the Sebastian street, where there is the first post office to put the envelope with three sheet from this diary for you and to make sure that there are enough stamps for the weight. They told me the envelope's weight doesn't need more stamps. Virgil and I walked on foot on a parallel street "known" only by us, which is very picturesque in its own way, because it has some vines, a few bushes, in front of every house which cannot be seen because of the abundance of vines vegetation. Some people have trained the vines to go up on the roof of the house; others have made some kind of support. I have not been on this street for a while, and I see that the grapes started to ripen. Some grapes are black, some white transparent, you could see the seeds in them, others yellowish in big clusters, and long shaped as long as the small pears. It's a pleasure to see so many varieties of grapes. They matured quite fast because of the heat that lasted for over a month, and the rain was not seen since this spring.

I walked ahead as usual, he remained behind and entered into the first grocery shop where he was looking for lemon juice Greek, yellow, 250 gr, 10 lei, and bought 10 pieces. A lady customer asked him why did buy so much? But he did not pay attention to her.

Then there came a car with merchandises, mostly meat, smoked prepared. I suggested to him gently in calm voice:

"Come home we still have ½ meter salami and a smoked pork leg."

"No, I'm not going." And he attached himself in the queue, but it happened to be in the first lines.

I watched as he crawled to let no one between him and the man in front of him. I left. I wanted to get on the tram number 8, but there were so many people even on the stairs, and I did not have where to put a foot. I needed to go just until first stop station. I walked on the 13 September Street. I washed myself, washed my socks and laid in bed in Eve's suit - it was still quite warm.

He came late; I did not want to hear him so I would not get angry with the new food; 1 Kg of bacon, I cut a piece and I gave him to taste, he said it was good; I tasted it myself but it was tough and salty, that's why she likes it. Then he bought 2Kg sausages - too thick - I boiled one. One smoked pork leg; we have another one in the fridge.

Today he did not bring too much weight; he walked 2-3 Km, and entered 2-3 times in each store.

He ate bacon, chicken soup with noodles; sausage with boiled potatoes, cheese pie, a pear and ½ watermelons. Then he read the newspaper: Octavian Cotescu died the actor from the well-known show Tanța and Costel and then fell asleep.

Europe in 1985

29 August 1985
Virgil was at our Ghencea market and bought apples and plums. He came back fast because it was about to start the rain and he did not leave again.

But I do not know why he did not like how the bathroom sink goes; he started to work on it but could not fix it.

I'm glad he's looking for something to do; otherwise he's laying down for days doing nothing – only daily shopping. And that's fine but still it is not too much.

He immediately called Miki on the phone. But he comes home late because he has to go to take his daughter from the kindergarten. Tincuța works second shift and takes her in the morning. Miki came around 6 o'clock but he could not finish it, they took out the sink and put it in the bathtub, and we could not wash.

30 August 1985

On Friday, I went to Puişor's post office because I received a note that I have a parcel (2 books) of Ghiţă's youngest son - Val Condurache - who is a literary critic. I have not found them here in bookstores. The books are called "Critical Fantasies" 2 volumes, of 230 pages each. I told you I feel young - but I have not yet recovered from the cold and the anger caused by Virgil who did not want us to be treated at the Sanatorium from Otopeni. I'm still coughing and feel pain in my throat. I use some cough drops faryngosept. I got exhausted although I used the tram in both directions, that's why I did not stop to see Tincuţa.

Virgil sends me to buy beer, but I cannot anymore, especially to carry heavy things because my cough immediately starts and I have troubles in breathing. I cannot eat anything cold; it has to be at least room temperature. I only drink warm tea and if I want to eat a tomato I have to put it for a while in some warm water. He went to buy beer for Miki, who is his preferred relative, and who called him that he'll come around 3 PM to finish the sink. Virgil did not go for a walk; he just bought two loaves of bread even though I had one. Just in case, to be there!

Miki came and worked: glued and filed. Came with 10-meter hoses, wires, and many other tools, and finally unclogged the sink. It had several slabs and even a small rubber plug! He worked until 10 PM (4 hours). Virgil paid him 400 lei.

<u>31 August 1985</u>
For more than a week, I take daily three aspirins, coughing drops, and today I wake up cheerful. But I still feel that my knees are shaking so, I do not make pie today. Virgil bought filo dough for pies. Also I noticed that I'm missing two teeth out of the five that I had at the bottom. There remained some sharp edges which are scratching my tongue!

Virgil went outside, but I did not want to go, I want to get better, I want to get better before the autumn is over, otherwise the cough will linger until spring. Usually, on Saturdays and Sundays I do not go out because we have TV program from 1 to 11:30 and I like to watch.

I wrote these events in this form to show you the saga of our hospitalization to the Sanatorium, refused with such hostility (bitterness) by Virgil.

I intend to continue this Diary, but only in the days that will have some meaningful facts.

What do you think about the fact itself and about this Journal? If it is not at all pleasing, tell me honestly and I'll immediately interrupt it. I wanted to show you our situation, and that there is not much to worry about. And even if you've be here you could not have done anything. But as you see I still feel young and still able to resist and fight all vicissitudes.

Chapter 1.2. Autumn is here

1 September 1985

I did not get out of the house for two reasons: Virgil handled the storage of the tools needed to repair the bathroom sink. This is a pretty complicated job because the closet in the wall reserved for this purpose is extra full, nothing else can be put in there, and it is in an indescribable disorder. He took the ladder to use it to be more stable than a chair. The top shelf was the one designed to receive the new tools. Miki did not take that long hose back, the long and hard wires, etc. Virgil put them all there and began to push with all his might; swearing with passion and pushing, but the damn things seemed to be alive so they always came out. Then he closed the doors up at that last shelf and started pushing, kicking with his fists to stay locked. I did not know what was happening when I heard the noise of shattered doors.

"Why are you kicking those doors, they will get out of their hinges."

"Shut up, you do not see these doors don't want to stay shut, damn it and their mother of God! Are you stronger than me?"

He got down from the ladder, closed the doors as he could, and put the ladder over them, and began to press on the ladder with all his might. So, he managed to close them with a latch but it could have snap open anytime!

I was busy in the kitchen even if I had a lot to read, but he gets upset when she sees me writing and reading.

Once we walked to Tincuţa and he noticed that I had something in the bag.
"What do you have in that bag?" Asked him curiously.
"Some books."
"You should be ashamed of you; instead of her taking care of food and home you give her books!"

And when we arrived to her he said:
"Look, Tincuţa, what nonsense, she got you books like this is what you need?"

"Well, Uncle Virgil, I have asked her to bring me some books to read while I put my daughter to sleep on my legs." (300 days her daughter fell asleep only on her legs).

The time passed quickly and at 11:30 we were watching seated mostly horizontally in front of TV, watching it between short naps! At 2 and half when we finish eating and Virgil goes to his room then I can start reading or writing with a great lust and pleasure which you have only when you can do something which is forbidden to you! Only in the evening and at night I read and write without approval.

2 September 1985

I answered to your two letters. Now I will include the correspondence here as well. I made cheese pie and apples in the middle, I sent to you the recipe, and I get quickly tired, my sore throat still bothers me. He went and put the letter here at the Sebastian Street post office, not too far, just one tram stop.

We have a picturesque road about I talked to you, and he went on it and returned the same. He came back quickly, because on Mondays there was no queue anywhere; but not to forget his habit, he bought a loaf of bread, though there we have other two and two sausages. I do not know why be bought only two of them, maybe these were the last on the shelf, otherwise he could have not resisted. Two days ago he bought 3Kg. from which he eat only two pieces.

But he remained dressed, didn't rest and said that he goes to market. He was not happy with the shopping made today. But he came quickly back with the bags empty; he did not find anything here either. He informed me that they were downloading watermelons which will be sold tomorrow! Monday evening we see the Cronin's Citadel series (English). Virgil also likes it; I had to convince him to look, not to leave.

3 September 1985

Today I got out of the house and went to the market, but because of my lack of training my ankles were shaking not only the knees. Then, when came home and I climbed the stairs, I rested twice, which is a great novelty. But that does not mean I'm not young still. I'm still coughing a little and I have respiratory problems, but this is not new news.

Virgil went to his favorite market at Orizont to buy legumes for soup, but he did not arrive there because he met a neighbor who has a garden and gave him: carrots, celery, parsley, parsnake (very beautiful and fresh roots, with earth on them).

4 September 1985

In the morning we put the laundry to soak; we've been announced that they planned to stop the electricity from 8-10 AM and 4-7 PM. The laundry will have time soak well. Mariana is coming to help us make a big wash: 2 blankets' sheets, two bed sheets, countless cushion and pillowcases, pajamas, and more, you know how much more piles needing be washed.

For the first time I'm a lady. Yes! Mariana arrived at 10 o'clock and until 1 o'clock she washed everything I had. Virgil gave her the necessary instructions. She understood it immediately and did not contradict him at all, that's why he liked her. Then she washed the bathroom, the toilet and the kitchen floor as well as the two halls. He gave her 100 lei, that is, 33.33 per hour, which makes 6,400 per month, without food; because Virgil says he has nothing to give her to eat. He is afraid of being as big eater as Lică, his nephew. He told her to come to wash the windows. Oh my! I am so glad that Virgil finally agreed to come, as you cannot imagine. He's afraid of being robbed, and that's why he receives no one but Miki, he has the greatest trust in him. But now he also has confidence in Mariana who can come anytime because she does not have a job. Here's a reason to be thankful!

Virgil put the laundry to dry (in his room because the machine has a good spinner) and then went to the Orizont market because yesterday he did not go there. However, today thought to go to the "Diabetic" dispensary to take his saccharine and the Talbutamid from which he never took a pill. He came loaded with ham, bacon, pastrami and 2-3 kg of cheese. From all of these we still have plenty from previous shopping trips, because I cannot eat, and these are not good for him either but he can't stop to buy and eat.

6 September 1985
Yesterday there was nothing to report. Mariana came and cleaned my windows in two hours (and the frames). For washing the windows she put in water some medicinal alcohol, about a cup, and the windows came out exceptionally clean in a very short time. Then she wiped them with a soft cloth not with newspapers as I once did. She did not take a bath, she was shy.

Europe in 1985

7 September 1985

I told you in the letter how busy I was - I feel a little better; but I still have some cough and I get tired. Virgil did not seem impressed of your advice to go to Sanatorium to get a diagnostic or to have some tests done. Do you know the word NO?

Virgil takes a pill for colic, because he eats a lot of fruit daily.

One night at two o'clock he was eating watermelon.

"Virgil is not right what you do."

"NO, that's what I want." He says no to anything. It's one of the famous Tibutanisms that your husband used it too often. Now, maybe, he forgot some of them. This word is the most upsetting even if it so brief but so comprehensive!

13 September 1984
It's not a mistake but one unforgettable day.

Motto: "Is bad with - someone - bad, but is worst without bad."
Anonymous proverb.

I do not know why, but I feel a great need to entrust you with some of my memories, which I do not evoke them now for you but for me. And maybe to enhance your general knowledge, or, maybe, to get used to thinking that anything is possible and that from whom you expect less, you can have an unexpected surprise. Remembering is the best way to forget!

Forică being the youngest brother in the Dediu's family who would have thought he was the richest man in tibucanisme, bringing them to the uppermost unequaled by no one I know!

He re-married on October 29, 1983, and after a year and a couple of days they both came here to bury his wife's Lili sister, to liquidate the remaining things, she being the only heir. She needed to empty the house because she was renting. Well! From this inheritance, many inconveniences arose between the oldies newly-married (he 69, she 65).

One day she left alone, very early in the morning without telling me anything. Forică said he did not go there with her because he did not feel good, but he went for a walk with Virgil. I suspected something - like an old fox, who is also an old wife of a member of the Dediu family - I went after her. At the house she worked to empty she was weeping; was cold in the house. She was weeping not for losing her sister, but remembering the conversations she had with her unkind husband!

"No, I do not come home if he does not come to take me."

In my mind: you can stay here long and fine, you can die of cold, and hunger, because a Dediu does not give up!

"Look, dear, please come with me because you left my house and also Forică was sick, I left him in bed."

This was my lie! He walks around and she is crying. The lie sometimes is nobler than the truth (as in the present case). We both stayed there for a while and sorted things until late at night.

When we came home, the brothers had eaten and where comfortable mercy in a warm house, they had no idea! Forică looked at me and I opened the mouth first:

"Hey! How do you feel? What about you Virgil? Have you eaten? Have you been out? "

"Yes, we ate, I feel better, my head does not hurt," Forică said.

We also ate something and went to bed each with her husband. For the guests Virgil offered his room and he moved with me, not with great pleasure.

The next day they left together, but they did not seem to be in good rapport, they were in a relationship as the cat and the dog, and this was after one year and a couple of days after their marriages.

George Bernard Shaw says: "People, who have considered happiness in marriage, always will re-marry."

But he also says, "Even in the happiest marriages do not pass one day without a thousand moments of infidelity."

Then, I'm telling you, I do not understand it anymore, because here's what it says:

"No quarrels are so frequent and full of nothing like family quarrels."

I do not know what to believe!

But let's go back to our story. Forică accompanied Lili three times to liquidate this heritage - much, little as it was which came from Heaven because they had done nothing to deserve it.

Virgil would not have come with me. Lili wanted to come alone to have more freedom of action - she said - but he followed her not to do anything without his knowledge. There is no point in mentioning when, they came the second time - it's enough the first and especially the last visit- which was on December 21, 1984, a date which we will never forget.

Lili said that they found cash 12,000 plus 6,000 from the sale of furniture plus 2,500 of the sale of the fire wood and other small items; so nearly 30,000. Then a ring of 7-gram gold, earrings, rings, a golden chain medallion that she kept it for herself, plus clothing, footwear from which she gave to me a few items (I should have refuse but I was too shy). But Virgil received a radio – he retained it by force, he did not want to give it back to her; he hid the radio in the closet, but she found it and told him to pay for it 500 lei. Virgil does not give her any money or the radio. Seeing that the situation takes an unexpected turn, I interjected with the humility of the holy virgin and with a tender voice with a prayer - only kneeling on my knees I didn't do –to Lili:

"My, darling! He wants this radio very badly - I do not know why - I'll be able to give you three times this price in a longer period of time, but, please, I beg you from my soul, let it go!"

"No, he has to give me 500 lei because he has money, I do not give it to him for nothing!"

I went to Virgil again and he kept saying No and No: does not give her the radio neither any money.

"You Lili, I'm telling you, I have no more words, I beg you so much because Virgil does not give up for nothing."

He told me that he will toss it to the ground but he will not give her any money. And he was very upset.

"Please, I beg you from my heart go and tell him that you're giving it to him a gift and I will give you the money!"

Finally, I convinced her, she went and told him.

"Here, Virgil I'll give to you as a gift because I see you like it!"

And kissed him.

He looked at her in disbelief, but seeing that she gave it to him, kissed her, took her from behind her neck, and turned around with her, expressing joy; I could see tears in his eyes! And there it was joy as if it was something of an incredible value.

Then Lili looked generous to me, telling me not to send her any money:

"I know you have no way to get that money, he is tight with the money."

I was also glad that the scandal had faded out and that the good word brings goodness, as in the proverb inspired from the wisdom and experience of the anonymous ones!

But I do not know why the joy is so short; it seems to foretell something bad. It seems like a little joy must be paid with an incomparably greater trouble, annoyance or misfortune!

We wished good night, we closed the doors and we were getting ready for bed. When, all of a sudden the silence is pierced by a shrill cry of despair and horror.

"Virgiiil! Anaaa! Ajutooor!"

We open the door and again we hear:

"Virgiiil! Anaaa! Ajutooor!"

We enter into their room. Oh, my God what we see:

Forică was holding her with his hands on her throat, and pushing her into the wall, then dragged her to him, and pounded her powerfully against the wall.

"Hey, you Forică are you crazy!" said Virgil, pulling one hand, and I the other, but he clutched at her neck. She had a red face and ready to collapse.

"You, miserable!" He was repeating between his teeth.

I sat her down on the bed, she was shaking and whispering:

"From money dear, from 90 lei."

Forică escapes from Virgil's hands and walks towards her again:

"Get out you miserable woman" he says twice.

She with an extinguished voice:

"I'm in your brother's house."

I tell her to keep quiet and I took her by the arm and went to my room.

"From money; from 90 lei", she kept repeating softly crying breaking my heart.

I took hear head and put it on my shoulder, and caressing her I said:

"Come on, that's enough, don't cry anymore!"

"We were counting the money." She sighs.

"You know, I bought three chickens. I gave him half the money found at my sister, because he asked so, what else does he want? In the house I contribute every month for expenses, but for the food I do not pay because I cook, wash, and this way I pay my food! For gasoline I pay every time I went somewhere by car!

What else does he want? I have 1,600 lei pension, but I have my house, I have a garden, a large orchard, vineyard, I make wine; two kinds, one finer and another for every day drink, but is very good because has vitamins and clean and it's better than water. And he did not want to give me 90 lei for three chickens!"

I went to get some water for her. The brothers were in the kitchen, and Virgil gave him lessons:

"Do you remember how bad it was when you remained alone? You were talking to the kettle? Now the winter comes and it will be even worse."

When I told Lili about their conversation, she was glad that Virgil was on her side, and was conducting reconciliation discussion. Virgil came to her to convince her to go to him; but Lili refused and rightly so she had still the traces of his hands on her throat. After a while, the brothers came and the perpetrator did not show any remorse.

"Come on, now shake the hands" said Virgil who does not know the rules of politeness; his formula is valid in the army, but only to equal ranks, I think.

I was ashamed of their situation as men, colonels, with white hair; in vain they grew old!

There were embarrassing moments and minutes passed, and if someone would have entered now would not recognize the guilty one.

"Come on Forică recognize that you have used force, against a weaker adversary, which incidentally is your new life comrade - chosen by you, because only she chose you."

Somewhat embarrassed by my intervention, he steps forward to her and says,

"Excuse me, Mom, I was nervous."

"Forgive me, too, because for 90 lei I have irritated you." She said, still crying. Why was she still crying?

Later in the kitchen Forică told me:

"She's so nervous, Anny was not like that, and she was calm. Her words sometimes are like blades."

"Well, but why don't you realize that she's diabetic? That she gave birth to 7 children, that unlike Anny she has pension, house, etc.? You use to give Anny $ 400 a month while Lili gives you money; she contributes to everything, although you could be more generous because you have a pension of 3,500 lei!"

"But her house is not as good, it has two rooms and no comfort – heats with wood, boiler room, and toilet in the yard."

"But do you have more than two rooms? No separation between them, and the comfort, let's not talk about because it's cold and you cannot use it!" I replied to him.

Next day they left not fully restored - especially she - from the shock she passed. She said she was out of air suffocating and if we weren't there, now she wouldn't be among the living! God forbid! Is that so? She said that she does not know what to do, maybe she should return to her house?

After few days she gave me a phone call and told me that they did not speak at all in the train and that she went to him because she had a lot of her things there. Next day he told her:

"I'm happy you did not go."

So the proverb that I chose as a motto fits.

Then later they called again and they were still together!

But Bernard Shaw says:

"Every woman's a charwoman from the day she's married."
I am amazed how this is true in such a civilized country. As for us, the Romanians; I am and I have been, all my life in the position of my husband's maid. I never conceived otherwise. It was mostly my pleasure to serve him to know that he feels good! Maybe at the bottom of this "pleasure" is the fear of beating, because he is stronger, of divorce, because he can leave me and remain alone with a child!

I could not help but tell you about this very unusual, to say the least, happening.

Here we have an Othello and a Desdemona of the Modern Times of 1985. I tried as much as I could to reproduce the truth, the facts themselves, thinking that all that is human is not indifferent to you. I do not know where I got this quote from.

I have kept this secret (the perpetrator begged us) and would have taken it with me in eternity if Virgil did not reveal another secret that was to remain only between the two of us. And then I revenged! No one but you can read these confessions, which I feel an irresistible desire to send to you as long as I can do it.

I'm coming back to my diary.

September 7, 1985

I have seen on TV a very interesting film called "The race has not been abandoned". I came a little later.
"What kind of film is it? I ask Virgil.
"English"
It was a runner, marathon.
Next days when he comes home he says:
"Hi", hello in American.
"See It wasn't English?"
"Yes, its American" he admits.
Back in time when we visited you it was a great pleasure to hear this greeting addressed to us by people of all ages.

National Theater Iasi

8 September 1985
I'm coming back to my diary
Virgil was at the cemetery alone, I cannot go that far because I'm still breathless and coughing, it did not pass yet.
I went until the bread store here nearby at the corner of our building. I met Mariana who brought me tomatoes from her garden. They're so big that three of them weight one Kg.

9 September 1985
I cooked beans in three ways, ragout, soup, and mashed only with oil (I put a small cut onion and a little vinegar) it goes spread on a slice of bread, with some olives, pickled cucumbers. I boiled it in 4 waters and I threw it. I ate with great pleasure I didn't cook this, maybe for a year; and my ulcer did not hurt me. In the last water I put a little bit of bicarbonate of soda; I let it boil and

then I throw the water that gets very dirty. In this way the beans can be skinned, because the peels produce gas.

Mariana went home near Bârlad to show to the children how to collect the vineyards.

Virgil was at Orizont, his favorite market and came with 4 Kg of beautiful, yellow, sweet, juicy pears - the best 10 lei Kg. I enjoyed it very much and I ate it with great pleasure after I cleared it from the shell. In the evening on TV I saw the series Citadel

Europe in 1985

10 September 1985

Virgil left without a target today, maybe he finds something else, but he applies Malthus' theory-he buys into geometrical progression while we consume in arithmetical progression. He has a great phobia, he is afraid of starving. That's why he does not look at what or how much he buys. He does not look in the two ZIL refrigerators which are so full; you cannot stick a needle in them. These are full; two refrigerators for two retired people who do not make any effort. Isn't it too much?

He did not stay too long. I take advantage while he is out to read or write and I pretend that I did not hear him coming, because I don't want to get angry seeing what he bought. He then swiftly puts everything in the fridge - maybe I will not notice.

He leaves again; maybe something is coming in his way. If he does not find anything else then he buys 3 loaves of bread, a large cake, two cheese pies, two with apples, or marmalade, 5-8 sticks of sweet dough, just not to come empty handed.

"Warm the food? We have soup and stuffed peppers", I said

When I open the fridge what do you think he was loading in when he first came? Some chickens in plastic bags. I pulled one, two, three, four, five, but they were 10 chicks he put them on the shelf because in the freezer, as I said, is no longer any place for long. I cannot cook anything from those recently brought, because I have no place to save them, for at most one night or two.

"Oh! My God! Why did you buy these dead chicks?"

They were tiny little chicks with enormous long necks ending with purple heads plus a lot of chicken legs with claws. Some of them purple, others reddish, all were very skinny.

"What to do with them? You can't stop buying?" I screamed nervously in the kitchen, and he kept silent as he was laying in his room.

I have never been short-tempered; I accepted without a whisper what he bought or did. But now I cannot! Being so much food I dislike, I can't eat with pleasure!

Women have the pretentions of being offered only quality, fresh food; but I do not tell him to buy anything, absolutely nothing because we have everything. I ask him only one thing to buy me vegetables for soup: carrot, celery, parsley, parsnip. What do you think he does? He doesn't buy today, doesn't buy tomorrow and I tell him every day. He finally comes with some small vegetables like the little finger on your hand. Yes! Yes! Do not laugh this is how they are: the carrots, the parsley are thin as matches, but longer, jagged, soft, full of earth, broken at either end or both.

"What do you know? Because you never buy! That's all I found."

"Do not buy all this dirt! Is that onion? A, nuts are bigger! These little onions are seedlings of onion - good to put in the ground." (I think that's what you put in the garden).

And this is how we quarrel always when he comes from shopping. What's worse is that those merchants, I think, they know him, and crawl around him to get rid of the merchandise that nobody buys.

In the past days, she brought a large bunch of flowers, withered, dirty, petals flowing.

"Here, I brought you some flowers. He was an old man with them asking me five lei and he left it with three, that's why I got them."

"Thank you," I said, thinking that the gesture matters, not the flowers. When I sorted them I picked 15 threads. He says:

"Only these? You threw the most beautiful ones!"

When he looks in the trash, he sees that all were uglier.

"Damned you, old man! He cheated me; I gave him 3 lei for nothing!"

This was a bracket, because September 10 is not over.

"Let's go to buy potatoes! We don't any potato! They sell only five kilograms per person! Let's go, you'll stay in the queue too to get 10 kilograms, if is anything left!"

"But I cannot carry. Don't you see that I have problems berthing, I get very tired?"

"Come on, you'll not die. In the winter what are you going to eat?"

I obey, he cannot understand; because all my life I've been hiding my pains and sufferings. We went here to our market and there I see a mountain of potatoes and people were buying huge amounts, full sacks, how much they wanted.

"Here, look you can buy how much you want, why do I have to stay?

There were only a few people, but it took time because they were filling up a sack, then weighing and so on.

"No! Stay here!" Because, he said making fun: "what's in one's hand is not a lie!"

We stayed in line and bought 20 Kg of potatoes. I took 5 Kg. and put them over my shoulder, caring them in my hand it was as they were pulling down my lungs. He took 15 Kg; half in one hand and half in the other.

On our way back home I met some neighbors from our flat:

"Madam Dediu, why don't you give five lei to a boy to bring them home to you?"

"Well, I'm with my husband, he is behind! This is how he wants!"

"Aha! He is the helper?"

They waited for him and offered to help him, but he refused though, he did not want to get any help. So that's how we started the winter provision supply.

Europe in 1985

11 September 1985

I went to Tincuța in the morning because she leaves for work until 6 PM, she does not have reduced program any more, now she works 8 hours. She gets up at 7:30 and takes her daughter to the nursery, letting her sleep longer because Miki leaves for work at six. The nursery is somewhere around where Pupa Dida leaves. She takes any tram until the Military Academy and then she needs trolleybus 88, which comes very rarely. Back in the same way, so it takes her two hours and always she's tired and leaves for work without eating! She gave me some dust against roaches, which come from the ghena, about a quarter of a kilogram, so it wasn't too heavy. Then I went to a young woman with two children divorced because the ex-husband was an alcoholic who, when he got drunk beat them all and threw them out naked in the middle of the night. Now she's married to another man who has his house, he's 45 years old and she's 27. He's a good guy, who married her with two kids, but "good cheese in a dog belly" he is also alcoholic, and what's amazing is that his mother is also alcoholic. They live together in this 3-room house and 3 kitchens. What's interesting is how mother and son are drinking together a whole bottle of cognac at one sitting.

Virgil went at Orizont and came back with what do you think? Four watermelons long of a whitish color, about 20 kilograms all, carried from about 5 Km distance.

"Well, you said you'll not buy watermelons anymore?"

"I bought them because there was nobody else!"

"Let's try one!"

When he cut it, he was visible unripen, the seeds were white, like a cucumber.

"That's why there was no one, they're not good."

"Eh, well! They tricked me. "

And so it goes, they cheat on him every day.

I think you've been convinced that Virgil has an irresistible pleasure to buy anything. That's why I let him go alone, because if I tell him not to buy anything he gets upset and raises his voice at me loud in plain street.

"Why do you buy that much? Why don't you buy the best, not the worst?"

"That's what I want! I have money and I do what I want with them? You did not buy in your life!"

What should I say? I shut up; I swallow my words until I'll drown.

One day, long ago, towards the spring, I see that he comes with a heavy bag, something soft, that leaves a round shape of the bag, but it was put in several bags, and it seems that was licking!

"I have brought you cow stomach, it was so crowded and people were fighting for it. And if I saw this, I joined the crowd myself; I paid 15 lei for all this. Let's cook a good meal to have it for a week."

"Oh, My God! I never made, I did not see, I never ate such a thing! Run away from here with this smelly thing!"

There was a stench which made my stomach turn upside down!

Here comes Tincuța with Miki, my luck, I was thinking. They'll get rid of it.

"Tincuțo, I bought some cows' stomachs for you to prepare it because Ana aged in vain, she doesn't know what to do with such a delicate kind of food. (He never ate ether.)

"Nene Virgil, I do not know how to cook it, I have never tasted, even if I am a carnivorous person."

"Come on, do not whimper. Tell her Miki to cook it, what kind of man are you?"

Poor Miki was embarrassed, he did not know what to say, not to inconvenience him.

"Do not worry uncle Virgil will take it."

But Tincuța said a resounding

"No."

He was thinking of throwing it away, but Tincuța said,

"If he asks me to eat some of the cooked belly, what I do then?"

Finally, we changed the subject. They left; I went with them to the tram. When we see Virgil coming after us, he was frantic!

"Here they have forgotten the belly, go quickly and give it to them. Run fast!"

"I did not want to take it because I do not know what to do from it."

He was very unhappy because Miki did not support him, but he said that actually he was not guilty because Tincuța was the head of wickedness.

He did not sleep well because the belly was not accepted. The next day he tells me:

"Go and sell this belly, that's a pity to lose 15 lei!"

That's all I wanted. I did not wait to tell me twice, not to change his mind; I went directly to the garbage. Whatever will happen, will happen, but I got rid of this stench. I'm returning triumphant, but what can I tell him? And I did not even have 15 lei.

"Well, let's have the money, what are you waiting for, because I stayed in the queue for nothing."

"I have no money. No one wanted to take it, a gypsy woman would have bought it but when she heard that it cost 15 lei she went away."

"Here, you see how I lost money and time in vain, that you are not able to do anything. I took you out of the ravine and now you became very delicate. And Tincuţa to Hell with her and I do not want to see her again."

I kept quiet because the saying: "the silence breaks the skin." Then I went in the kitchen and gave him to eat and he forgot about the belly faster than I expected. I told Tincuţa and Miki how I got rid of the belly and they had a great deal of joyful reaction. Once she said that she saw how in some store they were selling these bellies, she could not even look at it, but she did not tell Virgil that she saw that there is belly for sell at that store. That's how it passed this event also.

12 September 1985

I got up very early in the morning to make a pie, because I had some apples which were going bad and I "economic" as you know me, I could not throw them away, especially because Virgil bought filo dough for me. In this house there is not even a day left from God without pie with cheese or apples; now I have half a tray of pie with cheese, but I have to do another one and Virgil when he does not have something to buy, he's getting more pie with cheese or apples. Sometimes I'm getting sick of doing this almost twice a week so Virgil is not "starving".

Sometimes the filo dough sheets are very good and I can unfold them nicely, but many times they stick together and I felt like throwing them away, but I don't do it because I'm afraid of being caught in the act. Today's sheets were very bad, glued like together; I could detach only small pieces. However, the pie came out very good. When I was taking the pan out from the oven, a man rang the bell and asked if I have the newspaper with the documents from the Party's 13th congress because he has to do a report/information at his work's party organization, but he did not know what day it was. I invited him in to look for himself. I have collections for years back; I remained with this passion from the time I was working at the Military's Library from where I retired. I had: Historical magazine, Flame magazine, The Week, The Weekly magazine, Rebus, Free Romania newspaper. Whoever needs a newspaper or magazine they find them in my collection of many years back. The Free Romania I keep it for only one year back. But in 1984 Virgil put it in garbage though there are many other around which are older than that. I make packages every half a year; I tie them together and store them. In 1985, the January thru June, I took them and tied them up and put them on the book shelf in his room. Three times I saved them – because he untied them and made them available for other usage. I was angry because he was mocking my work and then I brought them to my room and I hide them under a chair to escape the destruction. This man needed the papers from 1984.

"I do not have them, because my husband has untied them and used them."

I brought him a pile as they had been tied up and I showed them - but they were from the early part of 1984.

The second part Virgil opened them and placed them under the cabinets in the in his room as insulation against the noise.

But I bend down and draw a few - October and November, just what he needed. He was glad that I had them because it was hard for him to go to the Military Library for a newspaper or two.

"See how good it was?" I said to Virgil.

"Please promise me that you do not tear them off, that you do not hurt me anymore" and he promised.

But I was thinking why these people don't save some of these papers at least the most important.

"I do not save Mrs. Dediu, it is hard for me, I forget, I break them right away. You are more active, more diligent, and smarter than me. (He was editor at a military newspaper and is 54 years old and is not ashamed to come to me for a newspaper). But the indignation and anger left me quickly left at the thought that I was able to help him with such a small thing but so important to him.

I'm very happy when I can help someone. I'm always ready to help someone in need, I offer to do some services - and whatever you do requires some effort. I try to do well anytime and to anyone and I have great satisfaction. I'm sorry I cannot help you Sofica. If you want to make me a great pleasure, put me in a position to help you with something.

It is my pleasure to talk to you telling you in detail the situation I have gone through and to make fun of what misshapenness with us. I do it not only to show the difficulties I have encountered, but only to laugh – because even a critical situation once past becomes laughable. That's how I laughed when I fell and broke my hand. So I ask you very much to give me the opportunity to serve you for my pleasure which I feel when I do well to anyone especially to you and yours.

13 September 1985

Usually September was considered a summer month, because used to be hot. This year from the beginning the trees have changed the colors and the temperature has fallen below zero degrees in the mountains and here below 10 degrees C. Now at 10 AM are only +13 degrees C. I stay in the house with the pullover and the yellow pants, the ones from you.

Dear Sofica, I do not like at all how I write this journal and I've been looking for an explanation. It's a matter of how it looks, because the content is even poorer. (1) I have to press with the pen because I have put indigo paper to keep a copy to have some continuity, otherwise I would forget what I sent. (2) The mind hurries, and the hand cannot keep pace to it, so fast. A proverb says "Old age laughs about man" and that's true; the nature makes you ugly, you are afraid to look in the mirror. I do not even look like the one from 30-40 years ago. "And the man laughs of old", I reversed the proverb. I laugh at old age in general and ours in particular. Everything I write about Virgil is not a criticism to him as a human but I am making fun of his old age, for which he is not guilty of, but the nature.

I've always laughed of myself and I've always said I'm 8-10 years older, this way I received compliments like, "Oh, but you do not look at all that age!" And I tell to those who are hiding their age: "Women are stupid when they hide their age or say that their age is less than in reality to always say more. Then you get complements that you look younger."

I have always laughed at my stupidity and my misfortune - when I broke my hand, although there was a lot of pain, but if I would have whine wouldn't have been the same?

I laughed not of Forică and Lili, but of their old age who was taunting them to marry and to torment one another.

"The elders have minds of children", yes! Like those who are up to a year old when they cannot control the removal of the body's fluids, and let go anywhere and at any time. At fault is not the child who has not reached self-consciousness nor the old man who lost it, but the nature that play tricks of us at any age.

Virgil does not move anything out of the house, he holds on any bum, does not want to put them away in the cellar, and does not want to leave his room for a while.

In all he sees his past, he lives his past through things and he is not guilty of it, but his old age, which has shattered not only his body but also his mind. He has lost any sense of regret, of joy, of guilt, of pity; nothing impresses him, absolutely nothing, not even the letters from you. To write a few words to you – quite unclear - I have to asking him for days.

I'm somewhat more lucid, more energetic (at the Sanatorium they asked if my husband is as energetic as me, so it is not my appreciation). For now I am trying to benefit from this advantage offered by nature, and I try not to think what it will be.

I have more fun on the matter of human stupidity, old age, in general, not of man in particular, or by limiting me to Virgil and me. I have always been rebelled against my own limits, the fantastic banality, the holy mediocrity, the stupidity, because the fools die, and the stupidity remains immortal. The unique and limited reality of our limitations resembles a nightmare from which no one wakes up. Man's life is but a useless struggle in the claws of some conditions out of which there is no exit.

We are in the universe the same and forever and we will be forever - all is possible. Death is a simple phenomenon in nature; only people make it frightening because they realize the "Impossible Return". I am perfectly aware of all of these.

The source of my survival is reading. Through reading I fight with all human sins and writing helps me not to suffocate. I'm living in this house with these two friends talking and communicating with you. Your countless letters communicating to me your great achievements make me feel stronger.

Just forgive me Sofica - if you can - that I'm writing banalities some time, and let's laugh about what old age does to Virgil.

He went to buy bread and came back with it, but immediately went to Orizont market. You notice that he only visits the markets and food stores.

"I brought you pears," he says, pulling off his sandals and taking on his slippers from you.

"Are they good and nice?" I ask quickly.

"Yes! The best of all."

I'm happy to hear that and start getting them off from the bag and layer on the table. But after a few good ones I find some small, wrinkled. In total 13 good and 23 bad!

"The good ones cost 10 lei Kg. The others - there was an old man with them, about two kilograms and something – he asked for 15 lei and he left them with 10 lei; isn't this a good deal? "

I think he meant a bargain - but the memory does not help him.

"Well, when you see a poor man you should give him five extra lei not take it from him!" I gave him an advice.

"What are you saying? At this time you are living in the spirit of kindness, you are like the Lord's Mother", he makes fun of me; so, this is how we laugh at each other and the Devil of both of us.

And stinginess is part of the arsenal of old age; Harpagon was no longer a young man. When he buys something good, he does not want to eat it, but says:

"Leave it there, that's so expensive!"

But without him knowing I give him to eat from that, and he does not know it anymore: ham, pastrami, good dry salami from Sibiu, etc.

In the evening came Miki to borrow from him four thousand lei. Virgil gave it to him because he trusts him; he's honest and returns them back at their due time. He has a lot of confidence in him, but not so as not to have him sign a proof that he has received the money.

14 September 1985

I took the letters to the post office, to Lira, the first tram's stop from here, but only the letters for you and Horațiu, because Ovidiu's letter I received it later. I cannot answer to the letters now because Virgil has to write also. He says what the crap is this that I'm writing? He does not appreciate my intellectual work at all, only the manual one, and not even that all the time.

I walked on "our" street where every house has vines on the roof. The grapes were ripen but they did not pick them yet.

15 September 1985

Virgil went at Tincuța on foot until Panduri Street. He was away for about four hours. They will go home to her father Vasile at Cârja and he told them to bring from there some fish. Vasile, who's my brother, takes great care and always sends some to him. I did not go because the tram was not coming, and I was cold, so I returned home.

15 is the day when we receive our pensions, but when it falls on Sunday they deliver it the day before. Now let me tell you what kind of pensions we have: I have one thousand four hundred and seventy lei/month and Virgil four thousand seven lei per month. Just to remind you that I retired early because of sickness and on September 9th I had twenty-five years since I am retired.

16 September 1985

Miki and the girls came to see Andrea who was at her father's parents. Virgil was at the market and bought only nice pears this time. There is a pastry shop and he stopped to drink a juice and to eat a cheese pie. I put Ovidiu's letter to the post office with a photo of mine with him when he was young.

17 September 1985

Tincuța and Miki left with the girls to Cârja. Mariana came to clean our house: she used the vacuum cleaner, but it was always clogging. And when we had only a half of my carpet left to vacuum Virgil took the decision to fix it. We continued cleaning with the brush, and he worked without a break until in the evening but did not finish fixing it.

Around 6 PM, annoyed, he went to the Ghencea market here near us. And for the goodness sake he comes back with two large packs of meat, so called "turkey cutlery", i.e. turkey without chest and legs, only bones, about 5 kilograms. I raised the voice at him:

"Where do you put them? Don't you know that both refrigerators are extra full?"

He tells me that these will be ok if we put them under the freezer. That evening we both went to bed nervous. When around two o'clock comes to me and says:

"Come on, let's clean the turkey."

"Now in the night? Don't you have time tomorrow?" I said.

But I still went to kitchen because he does not know what to do and how to do it. I showed him how to clean the heads; there were 11 heads, then 16 legs, they had to be cleaned well to take the yellow skin. But he noticed that he could not, he said it was hot and put 5-6 of these legs directly on the flame. Some became black and burned, and others were not even touched by the flame.

"Leave them to me and go to bed, you cannot do anything, do you hear me?"

I pulled them from his hand, and I finish cleaning them, there were only four left. The bonny backs and long necks were disgusting to look at, then they had feathers, some big, difficult to pull them out spreading a heavy smell; something that did not look like turkey. He said no! He stood and looked at me and said that it doesn't smell. I put the legs and the heads to boil; he said that these will give a good picante jelly.

And I stayed until 5 and I guarded them. I added some meat in the pot 2-300 grams of turkey meat. Next day I put the legs and the heads on a plate and served them to him. He looked at them with some uneasy eyes! They did not tempt him at all! I invited him to eat them all:

"Come on, what do you look at them? See the heads have a good brain and their paws have some cartilage, use some drops of garlic sauce!"

But he wasn't convinced to try them. He sees that I did not touch such good things, even if they were from a turkey; I put them in the refrigerator, will try maybe tomorrow.

I also made four small plates with gelatin garlic sauce using a few pieces of real meet.

Later in the evening I gave him the goodies of heads and legs again but I do not know why he never touched them. I'm wondering why?

Europe in 1985

Chapter 1.3. Conclusion of this story

18 September 1985

I went to the market very early in the morning to buy some peppers or some cabbage because I have some ham and pastrami - this time only meat - that was getting a little old, I would trim it and make stuffed peppers or stuffed cabbage. But I did not find any of these. So, I bought 15kg of potatoes so I would not come back home with empty hands. But when I picked them up, I found out that are very heavy. I had two bags of 7 Kg and something. Damn it! How I'll take them home? I look in all directions maybe I can see somebody going in my direction, to pay them to help me out. But I see no one. I see people, but each was loaded with their stuff. I struggle and succeed to arrive at the small park. And suddenly a saving thought crossed my mind. Tied the two bags with my scarf and put them on the shoulder - one bag in front and one in the back. Ah! So good! Where I see a fence, I get close to it such that my back with the bag rests on it, and I was raising it to be able to switch the shoulder. I met somebody from our flat, but he was dressed in a walking uniform and could not help me, would get dirty, although a few days back I searched and gave him some newspapers with last year's congress! He came many times because he could not find anywhere a collection, but I don't want to see him at my door anymore!

At lunch I gave Virgil again those turkey legs - I do not know why he does not want them as if he is afraid - I do not know of which heads or legs? I put them back in the refrigerator; Virgil made coffee and ate with bread, and I had tomatoes with cheese. Today he has not left the house; was he upset about the turkey stuff. I'm trying again tomorrow; can I throw out such goodies?

19 September 1985

Today he revenged yesterday's non-shopping activity; he went to Horizon and came loaded: 2 pounds of pears, apples, plums, peaches, radishes, two cans of fish, a round loaf, although there were two.

At noon I gave him again the bowl with the turkey specialties, but he looks ugly at the plate and the same at me.

"I'll throw them away. Why did you buy it? "I said.

"No, it's a pity that I spent money on them and I stayed a lot in the queue."

He ate radishes with bread, and I began to throw on the garbage 2-3 heads and claws, so I can end this chapter and to give him now the rest of the prepared meaty dish, he might like it! And so I quarrel with him every time when he comes from shopping. For example, the peaches bough today are very soft, the juice flows from them.

"What's worse and it doesn't sell you buy it!" I'm explaining to him, but in vain. He does all he wants. He does not take any notice of me, but on the contrary, he gets mad at me.

I received the letter from Ovidiu - I had just answered on the 16th. He moved, although he said he'll have that P.O Box for a year. I was very glad that he gave me the address so I would not lose him in that big California.

20 September 1985

Virgil was at the cemetery - it's the only day since I was writing this diary when he did not buy anything. Did he recover from the disruption of the body forgotten by the deserted mind? We both would be happy in this late autumn of our lives! He is resigned and cannot see; he cannot hope that at this age, something can be done for his physical recovery; and not only his but all of our age. And somehow he is right that the unique and limited reality of our unique and limited being is nothing more than a useless struggle in the claws of some conditions out of which there is no exit!

I was very busy; I'm repairing three skirts (one from the gray suite) and washed them (and the jacket) in water with detergent in the bathtub. All of them are of good fabric and in very good condition - they came out clean, the jacket must be well ironed at the neck and collar. If I saw how beautiful they came out after being washed, I dipped to soak also the black coat - with curled fabric - was dirty on the collar and lining; it came out as new.

I dried them on hangers; I did not spin any of them. Virgil congratulated me on this great success. We have saved money, which is still very important to him. While they dried I read the magazines we subscribe to – The Week, The Flame, Shop and daily The Free Romania. Virgil looks only through The Free Romania, especially to see who's dead. I read now "The Land of Refuge" by Joseph Conrad (English) recommended by Ovidiu. Writing and reading makes me forget about everything; I live with intensity, I am completely absorbed, I'm laughing loud or crying with salty tears with the action of the book or with those to whom I write. I'm as possessed by these two preoccupations. If I cannot sleep, there is no problem, now it was four in the morning, I got up and got started on my diary.

Do you know Sofica, it's not so easy to keep up-to-date a journal, you have to have discipline because otherwise the time passes and unwritten days are multiplying. When I was reading at home my mother scolded me for crying while I was reading; some books were even forbidden to virgins, not because they would provoke desires but because they are acts of love.

21 September 1985
Virgil bought two other loaves, brought them home and went to Helvei - Mrs. Margaret, his wife is no longer in her mind, she is like a piece of furniture, and is only 63 years old.

I was busy re-arranging the skirts because after wash they shrank. I reduced one fold, added a little piece of extra fabric; I did all of this with the needle, but looked as I used a sewing machine. I spent time trying them before giving them the final format; for two days I was totally and completely absorbed in this work, because this is my nature I give all my body's energy and soul in everything I do.

I took a break and rushed to the post office to put Ovidiu's letter. I returned quickly because Saturday is a TV program from 1-3 and I do not want to lose the last episode of "Snow white". During their breaks I continue with my sewing and listen to Enesco's concerts. In the evening we have again TV from 19-22. I saw the American movie "The Prize" won by a horse. I got up at night and finished my skirts, because I have a lot of other work which is waiting for me. It seems that my throat got better; I do not have time to think about it. I still have to make corrections to a typed article - copy from a book - I end up working during the night because otherwise I cannot make it.

I did not even notice that the fall has entered in our garden. It's very nice, now there are 30 degrees C and during the night 18-19 C. The sunset is great! The last rays of sunlight outflow through the trees' leaves of a diaphanous yellow, then the Sun disappears; the sky lights up, the dusk comes stealthily. The horse from the movie I don't know how got injured, because I got fascinated by the beauty of the sunset and the gorgeous color – in contrast with the black and white film.

22 September 1985

Today is the autumn equinox. I do not know why I never saw such a beautiful autumn; maybe because it's pleasant and warm. The trees are of a pure yellow, not brownish, and the leaves are so many. When the sun shines in them – first on the peaks - it lights up my room. In Virgil's room the sun shows in the window all year round; in my room only ½ a year. But the sunset is more magnificent in my room - perhaps the sunrise in his room, but I don't see it.

And today is Sunday; I had a TV program between 1-3. I have seen something unprecedented for many years - on Greta Garbo young around 1926-1933 (he turned 80 years ago). Scenes from "The Mute Movie" were given. There was a great satisfaction and consolation at the same time. I corrected that article. Virgil went back at Helvei and invited them this evening. To see, he did not do this gesture since spring unless it was last year. He bought 2 Kg of apples, I do not know from where, we have now 5-6 Kg. We saw a great Italian-American movie. The reunion of a child with his mother after a long travel and searches from Italy to Brazil. At 10 PM when they left, I walked with them down the street. At the dim lights of the street I could see enormous rotund and yellow crowns of the trees. Not every tree has this color that fascinated me so much this autumn. Perhaps because I did not have time and I looked on the window economically.

Tomorrow I'll go out to take a longer look and to feel this superb image of this great show of equinox. But what do I say tomorrow? It is already day and it is today that I am up in the early morning! Shut off the light and go to sleep a little to straighten my bones and to rest a little my eyes. I am very grateful to them for helping me to see all the beauties of nature, to drink, to read, to write; but what is there to see without your eyes?

23 September 1985

It's 7 in the morning, I almost wanted to say that at this time you all went to work - but it's one in the night there. I looked on the window, the trees are splendid, and it cannot be described. There is no wind at all. The birds have left the nests, only a sparrow moves a few leaves. I open the window, it's a little cool, but nice. On the TV I have from you a red, German boot, you told me, and a nice dish for fruits. In the boot I have some artificial flowers from you - all immortal and recollecting memories. In the fruit dish, I have some apples, rose, yellowish and yellow pears; their yellow is like this trees whose forehead is kissed by the first rays of sunshine. Good morning Sun and welcome again to us to give us one more day, to comfort us with your sweet warmth.

I said that I was going to sleep for a while, but I changed my mind, I inhale the fresh air, I'm making some refreshing moves, and staring wildly at the autumn spectacle that took over our garden.

Mihai's linden tree's leaves are dark green and are contrasting splendid with the yellow ones which are probably more sensitive to the imperceptible cold of the autumn; others will follow because the autumn will end in victory. Every tree is preparing to die again - a whole winter!

Virgil was at our market and bought, although it is Monday, 5 pieces of sausage; there are other two pieces of thick and long cremwuister; half of one is enough for one time eating; 3 Kg feta cheese from which we still have 2kg - older, which dried a little, but I put it in water for a while and I made it fresh and the salt came out, plus a big bowl of melted cheese - to make macaroni but I do not get to make it because the cooked food does not finish ever and he keeps on buying. In the evening I saw the movie Citadel.

24 September 1985

I made apple pudding; I sent this recipe to Ovidiu. I read the rest of the press; I remained behind because of the preoccupation with the skirts and the correction of the typed article, I am behind with all the magazines I receive monthly: The Flame, The Week, (it has crossword and did not do any). I'm not talking about Rebus; I have not opened the last numbers.

See how busy I am, I do not see my head. I will give up this Journal because is too demanding - I have no free day - if I do not write daily I forget what I did.

We went at our market but there was absolutely nothing. On our way we met our neighbor from the floor above us who told us we'll have a party meeting. Virgil sent me to pay the fee and he went to the cemetery. I would have liked to go myself in the midst of those who did not see the colors of the autumn. But if it is "order it is with pleasure."

When I walked out into the street, I notice that those yellow and beautiful trees are no longer - the leaves have fallen and I see only bare branches.

In the corner of our back yard, the clean yellow diaphanous seemed dirty now- it aged in only two days. There remained only a couple of leaves through which you see the sky of an unreal blue.

Some poplars which yesterday were towering and green today are touched by the fall of autumn that yellowed some of their leaves but only to one side; it's beautiful and so, but it seems like in all these changes is kind of a sadness.

Europe in 1985

<u>25 September 1985</u>
I've been to Sebastian's mail box and sent to you other three pages of this diary. I also took from the photo shop some old pictures of myself and Mihai from the state archives when he was young. He didn't do what I wanted after such a long wait, but I want to send to Mihai one on his birthday.
Virgil went at Helvei; he bought black bread and a white roll.
    I went at Tincuţa on foot, because she came from her father at Cârja and said she had brought for Virgil some small fish. She told me to look in the refrigerator - in a newspaper there were wrapped some small grilled fish quiet wet. They did not make to me a good impression, and I only took 6 out of about 20. But in compensation for my visit there she gave me two bunches of grapes, one white and one black, very good and beautiful as well as a bottle of wine old from the last year. I took the tram because I had some weight. She said that Vasile, my brother, is good, healthy, and he has everything. It's very hard to go there because there is no buss anymore that made the connection from the city of

Bârlad. The weather was beautiful and was warm, sunny, clear which gives a glimpse of joy, but there's a great need of rain.

26 September 1985

I noticed early in the morning that the sun is no longer looking at Virgil's room, spreading also on the hallway the playful light, which infiltrates through the branches and the leaves of the linden tree in front of the window. It was clouded and I was unhappy. But I have to fight with such a state of mind - alone, because there is no one to encourage me, I have no one to change a word, because Virgil is silent, and when he says a word it comes out yelled and lets me down. I'm trying to finish my skirts, I have to iron them a little and jacket as well; but when I put the iron on the socket I see that the red light does not light up. I pull it out of the socket, put it back in the socket, but nothing; I turn on the light but it was off. I know it stops daily, but not at fixed hours, especially when it will get back they don't ever let you know. I was saddened again, and I do not know if I'll be in the mood to iron when the light comes back. And I started writing to get over it.

I'm trying again the light, but the bulb stays indifferent. At about twelve Virgil is getting up, I make him the usual coffee, but he comes to the kitchen because sometimes he takes himself cheese and tomatoes, salami, pie, etc., etc. He tells me that we have light. After he went out, I started ironing because in the afternoon will be interrupted again, but it is not known when. I took the ironing board and a wet cloth and I started with the jacket and when I finished it was looking like new. Then I put on the board each skirt and in an hour or so I finished them; they are looking as new.

Virgil comes home with four donuts with marmalade and a round loaf, from the old one I made breadcrumbs.

But he goes back to the market - he comes with his bags empty, he eats, but I see he does not get rid of his dusty sandals, untouched for cleaning since he bought them. He was ready to go again.

"I'm going to the market because I have something to buy." He says.

I do not know what. When he comes this time he was loaded: a bag of tomatoes I think about 10 Kg, 5 Kg potatoes, 1 Kg of pears, one apple, and one plum. From the tomatoes bag was flowing the juice and I sad:

"Why did you buy so many and so crushed?"

"No observations, because that's all, shortly will not be anything. What do you know?"

I started to sort them out in three bowls by categories: the most crushed the least crushed and the hardest. I wash the first and second category and I'm going to cut them and clean them from the broken parts to boil them. While doing this the electricity went off - the third time the electricity was interrupted. It was interrupted another time, but it did not bother me like this time when I had a job to do. Virgil brings me a candle, says the flashlight wears out - and I keep on working. I'm sorry because without electricity I cannot see the American science-based "Living Planet" series. But as I stood in the dark, I extinguished the candle because it also gets consumed, I watched outside from the kitchen window; and I'm seeing some light in some places. I have the impression that it is as in the wartime camouflage to protect us against bombs. It went on unexpectedly. That's how I did not lose the show - it was great joy - and I forgot about the trouble.

How unpretentious I am, and not only me, everyone adapts to whatever conditions, and considers that the electricity which has re-started is a great favor, not as a normal thing. The man says, "It's good also so, God forbid for worst." Take for example the fact that in Mexico after two earthquakes, there are a lot of dead people, wounded, homeless and no food, no electricity, TV. Isn't there worse than here? This is how it was in 1974, when we had the earth quick in Bucharest.

After 22 o'clock when the TV ended, I passed the boiled tomatoes through the sieve; I prepared the bottles and the cellophane, then I put it on the window to cool down.

27 September 1985

I got up in the morning, I put the tomato juice in bottles; I filled up four ½ kg bottles. I covered them twice with cellophane and I boiled them in a bigger saucepan with water (Bain Marie). A lot of work for nothing, but once I finished the job I enjoyed it.

Outside it rains, at 7 AM there are 10 degrees. At 8, Lina (my sister) gave me a phone from Galați to see if I came from the Sanatorium (I wrote to them that we will be staying there for a while in order for them not to make a trip in vain.) But we did not go to the Sanatorium and I even got sick and angry about this; I didn't even write to them, I was ashamed to tell them.

We got a call from Lică to ask if Forică came. Then Mariana came and Virgil gave her money to buy two round loaves and two cabbage heads if she find.

Virgil also went to the market. Meanwhile, Forică called, to tell us he comes tomorrow.

Virgil bought 2 kg of feta cheese, 2 kg of wheat flour, 2 hot donuts with cheese, and ate them alone, he never takes me into account, 1 box of corn flakes.

Mariana came with two loaves and two cabbages. I chopped them to be easier to boil until Forică comes. I did not look at TV because there was nothing interesting.

28 September 1985

I made food: roasted cabbage with roasted pork chops, macaroni with cheese and vegetable soup, which is my favorite soup. There was no electricity from 3 o'clock until 12:30. The temperature at 11:30 was 11 degrees C and at 13 it was 16 degrees C. I put the pots in the oven, I washed myself, and I changed my cloth (after washing the floors in the bathroom, WC, kitchen and the two hallways).

When I cook I cannot sit on the chair, and my heels heart, but otherwise I cannot work. When at TV it's a number that does not interest me, I get up and look on the window in the corner of our back yard where the autumn came. The trees are immense, but the old leaves fell off forming a thick layer on the ground which make a metallic noise when you step on them. I took a leaf and searched the dictionary to see what tree is that which grows so beautiful - it's a kind of maple. The rest of the trees are green towards black. But also in that corner at the entrance to the last stairs is a branch that overnight became red, red. What curiosities are in this nature.

I was looking on the window to see if Forică had come, I was looking at the window at Virgil's room. Yes, they have arrived. I'm telling to Virgil. He says no. But they were there, I saw them in the car, then I saw them crossing the street. They came to the door. And I opened and hugged and kiss them and gladly welcoming them because we have not seen each other for a year.

Lili was pleasingly dressed with her bluish, stylish hair, in beige pants and the same color coat, slender, nicely looking.

We're talking, but Virgil wants to send them to Gaby and tells them to give him a phone. However, it was too early; he may be still at work. Lili comes to the kitchen and noticed that the radio from her is not in its place. Virgil had hidden it as a year ago when she gave it to him as a gift - as if he had the feeling she would ask for it back. She comes to me and tells me to tell him to give her the radio that she left him a year ago. I was amazed, and not to put straw on the fire, I said nothing; she was so convinced that did not accept any comments. And it began a fight like among the kinsfolk. Forică came and appealed that it was a memory from her sister. Lili started searching the closets and cabinets, but some were locked with the key, and the suspicion was that it was there. Lili forced some of the doors which opened, but there was nothing. I'm looking for it but it's not. I climbed on a chair to look up on the shelf, but wasn't up there. She asks him where it is, he says he does not know. Last year she found it easier, but now she cannot find it at all. She looks down under the bed, over all the cabinets, but cannot be found.

And they start the insults. Virgil says she's been a jerk and that her sister was immoral and so on. Lili gets angry and starts crying, but her tears leaves Virgil cold. Forică says that it was a memory from her sister, but he does not give up for nothing in the world and stated clearly that he does not give it to her. I'm looking for it in my closets, Lili looks under the bed, nothing. When I opened the linens' closet there it was covered with some towels. When she saw it Lili grabbed it immediately and in the next second left the house. We looked out the window and Virgil saw them going on the other side towards the Worker's Restaurant. He was very nervous.

"Let's go out a little, to calm our nerves."

"How bad have you done to me! Why did you give her my radio?"

"Well, wasn't hers? Do you need such a wreck? Let it finish at once!"

When we got into the street their car was not there anymore. Where did they go? Why they did not say anything? When are they coming? We went to Orizont. On our way I said that we should return because they may wait for us, but he does not want, he goes ahead and I after him. We returned around 7 when the TV program started. I saw the movie "The Only Chance" with an airplane which was forced to land in the desert! The chance was to fix it so they could leave with it.

Virgil again was saying:

"What a bad thing you did to me! I have no radio," although each of us has a radio. He should thank me that this was the end of the scandal. And after all it was hers, not Forică

29 September 1985
It's Sunday, until 19 o'clock Forică did not call. We went to the cemetery to get some air. On the way I admired these trees - those which know how to get old so beautifully. The linden trees ages uglier the leaves look like they are burned, - the leaves are twisted and of an earthy color, impossible to describe. It is sunny, warm, beautiful and quiet in the cemetery. Dad's roses still have only one bud. Virgil says:
"Let's collect candles."
I trembled and a cold chill passed through me.
"No, look, somebody sees you."
He let it pass, and with some difficulty leaned forward and snuffed the candle off, then took it and put it in his pocket. I discovered for him a treasure of five or six candles and I called him and he took them. I did not dare. But then he walked on another alley, I found through tombstone a candle, and I took it, then another, and so I immediately gave myself to this despicable mischief and I picked so many that I could not fit them in one hand. I tied them with a handkerchief. At home I made the balance sheet of the shameful adventure. Virgil 18 and I 23. And Virgil said:
"I still wonder how people light candles when they have no electricity in the house."
"Well, if gas (lamp oil) is not, candles are not, what should we do? I never thought I would be able to do that, but "what a man does when in need!"
From this diary you saw that we do not lack almost anything, meat, I have a Greek hen, 10 chickens and the turkey cutlery, these are from the recent shopping; let's not forget that both freezers with older supplies are full; plus sausages (salami, two smoked pork legs). But there are some shortages in the market. For example, grapes were about two months ago - now they are missing. Also gas (oil lampant) and candles and black pepper - lemon salt - bay leaf, yeast - but we can live without them.
In the evening I watched a despicable tasteless program and the Chinese film Destin. Likewise, the Chinese women have such a loud voice when they sing and all the artists speak harshly, to each other, although the women are delicate but too moderate as

the garments are closed on the neck and the pants are the same for boys and girls. Where is the Chinese silk?

We went to bed, Virgil did not want to call Gaby, he did not even know his number, but Forică did not give any sign of life. When I look on the window and see that the car is not there, because I know he is here somewhere, I have such a great regret, heartbreak because we rarely see each other and then there is always a reason for quarrel between the parties.

30 September 1985

I was at Mariana because I told her not to come because we will have Forică as guests. But he has not given any sign of life.

I do not know why Virgil does not want to call Gaby. He screams at me:

"I do not make any phone call, nor do you, because he's my brother is not yours."

Mariana bought a piglet. Her house has a yard and shares it with another family which has two little girls (she has two boys). And Kati, her neighbor, works at the Spark House and she lent me Marin Preda's "The most beloved of the earth" Marin Preda's latest novel. I've been looking for it! I am so excited; but I am very, very busy now!

I went to Pupa Dida because she asked me for Ovidiu's address I could not give it to her by phone. She's okay. As usual I ate with her. He made polenta because she had fried fish with garlic, chicken steak, and half of a bottle of red Lambrusco, which had a thick layer of foam, had fermented. I ate like in the good times, but I'm lacking some manners because I went with an empty hand. I do not know ever what to give her, and she always feeds me. When I went to her the transportation was good, but at the return it was something unbelievable. Trolleybus 88 arrived after an hour, and I had no other connection with Izvor Bridge because all the vehicles passing through here were canceled because of the construction of the Civic Center: the Republic House and Socialism's Victory Boulevard.

When I arrived, I called her and she marveled. But the road was great. In the Park at the Faculty of Medicine there were so many yellow trees which I was looking forward to seeing them.

The yellow spectacular delights me, I smile at every tree in the festive costume, fills my heart with joy. They change their colors from top to the bottom in a yellow divine and lasts for 2-3 days, enough to enjoy my soul. I have seen other trees touched by the autumn, but the most beautiful ones are these.

Virgil went to pay the maintenance and up to the grocery where he got some sausage. And again I loudly disagreed with him but in vain he does whatever he wants.

I saw the TV another series Citadel, where the situation of that doctor-eminent scholar, researcher, and doctor in medicine- became a little complicated.

We each slept in our room. I took a nap and woke up at two o'clock. I got up and wrote this page. This diary is a great obsession for me; I cannot deal with it that's why I will end it.

1 October 1985

Virgil's room is joyful; the sun's rays entered through the small, transparent leaves of the linen tree in front of the window. A very curious linen tree - in the summer during the hot days its leaves were looking brown like burned by fire. But extraordinarily – new leaves came out. Now its leaves are completely green, a raw green of spring are playing in the gust of wind in the light of sun.

In the morning there were 10 degrees C now at 12 are 15 degrees Celsius. I made a large macaroni pudding and cabbage - for the first time to see how it will be like this combination. Then I began to read with great interest because M. Preda has a great core of philosophical thoughts and I found great resemblance to Minea regarding religion. Also that the vocabulary becomes lesser; as I noticed myself and told you about Virgil when I wrote to you long ago. I do not have an original discovery or an original word, but I find them at other people, which amazed me.

Since Forică did not called since Saturday when they left without telling anything to us, we started to worry. I called them at Sibiu, maybe they went home; but no one answered. I called him at Gaby's home, but someone else answered telling me that there is no subscriber with this name - so the phone is secret, not listed.

2 October 1985
After I dressed myself I went out when I saw Mariana. There was great agitation on our street; her husband was running away - I thought he was going to work – but she told me that he was running to a soccer game. Here at the Ghencea Stadium the team Steaua was playing with a foreign team but she didn't know which one. When I look behind me, I don't see Virgil.

"I'll go back, Mariana to see what's wrong with him."

He was in the entrance hallway.

"I bought bread and I took it up home. Let's go to the market here closed by."

I was walking ahead because I cannot walk so slowly and I'm waiting for him on the bench in our little park. But, he vanished again. I turn back and find him at the grocery store, he bought two large, thick, two-meter long sausages.

I said

"Oh, what are you doing with so many sausages?"

"I'll eat them, I'll eat!"

A! He bought also four donuts, he had eaten already two. That's how we spent the day.

In the evening Doina called us and says that Forică slept at her last night. She was looking for Gaby's phone number. I told her that I had one but it's not good.

"Let me give you Felicica's number, but Virgil says she's at Piatra Neamț."

"No, she's here," says Doina.

I gave her the number, but she, probably is at Gaby until 8. I was waiting for the hour to come. I took all this communication issue on my hands. We found Felicica who gave us Gaby's number Virgil spoke to him and with Forică who said that he will come next day.

3 October 1985
Forică did not come. Virgil did not want to call him because he was too rude making him to wait all day long.

Outside is very warm 30 degrees C. My staggering and beautiful tree has now the top braches empty. Instead, the ivy appeared in a purple red, very pleasing to my view from the window. But the disadvantage of it is that she is not as majestique; she does not sit on her trunk but crawls on some wire or the trunk of some trees that seem to have blossomed with some small and red flowers.

I was at Marcela to give her some linoleum because I do not put any more in the kitchen's hallway because garbage gets collected under it. She came and waited for me at the tram station because it was heavy. She was very happy because she received permit to live in Bucharest due to her marriage.

When I came home Forică had been there and had loaded all the things from the basement and the four chairs from the house. I was angry; because he sustained that he brought six chairs not only four! Do you see? I just considered myself offended, and in order not to start again the endless discussions I refused to meet them. Actually, I did not even know that he was coming today.

Virgil made a great mistake to take him there down in basement, because he took a coffee grinder and I don't really know what else.

This gave to Lili the opportunity to claim that she's missing things. All of these aggravated me, because instead of thanks for storing these things for most than a year ended up with another unpleasant discussion, strife and anger - as is always the case when the Dedius brothers met.

Now there are only two of them alive, but they keep the family tradition.

I do not know how I found in the book "Romanian Proverbs" given by you to Virgil in 1968 a harsh proverb, of terrible cruelty, but if the people created it after years and years of observations and also inspired from the Bible's story about the two brothers Cain and Abel, sons of Adam and Eve (the first one killed his younger brother), then I also transcribed it here to conclude with it this chapter:

"Who took off your eyes?
"My brother."
"That's why he took them so deep!"

4 October 1985

I went to the kindergarten of Marcela's children, at the clothing factory, because I did not see them since spring. They grew and became beautiful, with blonde hair like angels. I gave her some sugar, oil, flour, because only after October 15 she would get these produce because the food is rationalized. She'll gain the rights only after she received the permanent permit to leave in Bucharest.

When I came home, I saw that at the grocery store there was long queue for corn mill. The sun was burning, but the service was fast and I bought 3 Kg. because the winter is coming; if he weather changes in cold it will be more difficult to queue.

Natalița, the sister of Ghiță, came.
Virgil said she should not come. But this summer when Lia and Luiza were here, Lică also came and he said nothing; I did not say anything about it, I was glad to see them so I could have a conversation.

Then it was Forică and Lili, but because of the dispute they had to leave, they did not slept with us, not because I would have opposed, God forbid. And then why he moaned because she stays only one night and in my room there are two beds.

5 October 1985

Natalița left, this was an opportunity for me to go to town because I have not been in town for months. It was hot and at 10 AM it was 26 degrees, later it was 29-30 I had to take off the jacket. I went to the dietetic store right in front of the University on a street I do not know its name. I wanted to buy a pretzel, but they were receiving new goods and people immediately formed a queue. Among other things, there was also filo dough for pies, a brand which I did not see before. I was very happy and I bought two packages.

I then went to Mrs. Nedelcu, my neighbor, a teacher of Romanian, to tell her that I read "The most beloved of the earthly" by M. Preda and to comment with her because I do not have with whom to do that, but I had a great surprise. Dragos, her son came from the market. He shaved his beard and he looked beautiful now, and he had bought cow's cheese and eggs, oranges that are quite rare. I immediately left and I bought some of that cheese to make a pie because I have not done for long with fresh cheese but only with apples. Virgil stood in the house with a stomach problem like Tincuța's girl, because he ate all the sausage, cuts, which are not indicated for his age and not for the young ones either in such large quantities and so often! But he wants it this way and I cannot help with this.

Europe in 1985

I'm disappointed that I have not received a letter from you, Sofica, for exactly a month. I am really worried, what could be the cause? Perhaps the thousands of words I put on this patient paper were some of them made you run out of patience, or they upset you, or you interpreted them differently, because I could not give them the meaning I wanted. Whatever the reason, please forgive me and understand how you've always done!

And I believe you, maybe you have reached saturation after so long time, but console yourself to the thought that it will not be as it was! And even if you do not answer me anymore, I'll continue to talk to you, maybe less often, but I cannot give up definitive. Or who knows I may end up in this phase because if there won't be as much energy, if my hand starts to shake and stops responding to the command or my head will not be able to issue the orders, one only has to resign or to do something to ease this intolerable situation as quickly as possible. But it is said that in this situation the desire to live becomes unbeatable, and the struggle for every moment of life becomes enormous.

But the unique and limited reality of our unique and limited being is nothing more than an unnecessary struggle in the havoc of conditions out of which there is no exit.

I sit alone at the edge of time on the steep shore of the days. I did not want to laugh at anyone but at the human stupidity nestled in me during my 73 years of mediocre and banal life.

But the fantastic banality has reached the peak in this so-called diary I have decided to end, because it is some kind of voluntary slavery I cannot bear. And then for you it's even harder.

Through it into the kitchen burner even without reading because you are not losing anything but earning a time that is more precious than anything.

The time that has patience with people like me has lost its patience.

I do not cease to love you and I believe that the happiness through love has not ceased and will not cease to exist on the earth; it will die and will revive perpetual. I tell you that life without love cannot exist!

Some would say: "Heaven help us!"
Pupa Ana Dediu,   6 October 1985

Part 2

Chapter 2.1. Sfârşit de vară

Telefonul primit în ziua de 24 august 1985 m-a determinat să vă scriu mai pe larg despre viaţa noastră zilnică. El m-a făcut să simt o îngrijorare faţă de noi mai ales faţă de Virgil care vorbea cu un glas stins şi fără nici o vlagă.

Dar de unde să încep? Titlul e tare greu de stabilit – la fel şi prima frază – aşa sînt eu, orice început îmi dă mare bătaie de cap!

Dar dacă altă dată eram tânără, astăzi mă simt destul de tânără dacă mă încumet să mai încep acest Jurnal.

Să pornesc de la cea mai mare preocupare - problema vieţii mele – internarea lui Virgil în Sanatoriul de Geriatrie şi Gerontologie de la Otopeni.

Am început investigaţiile din toamna lui 1984 şi mi-a trebuit un fir al Ariadnei ca să pot ieşi din acest labirint. Am aflat că internarea se face în oraş pe strada Spătarului. Aici la Informaţii sunt nişte tineri care dau lămuriri din fugă.

Astă primăvară mi-au spus că vara se internează numai străini! Dar eu tot mă mai duceam, dar nu cunoşteam pe nimeni, mă uitam împrejur dar nu aveam pe cine să întreb şi veneam tristă acasă.

5 iulie 1985
Mă duc iar pe strada Spătarului şi umblam de colo, colo. Când observ o Doamnă bine pusă la punct, în putere chiar, care tot dădea din umeri. Mă apropii cu sfială şi o întreb ce are?

"Am făcut nişte infiltraţii în umeri şi mă înţeapă. Dar mata ce faci, ce tratament urmezi?"

"Eu? Aş vrea să-l internez la Otopeni pe soţul meu şi nu ştiu cum să fac."

"Stăi Doamnă că-ţi fac eu cunoştinţă cu Doctoriţa mea şi cu Sora ajutoarea ei. Sînt foarte drăguţe. Ce număr ai?"

"18"

"Ei cu acest număr nici nu intri azi."

Şuşoteşte ceva cu Sora, o tânără foarte drăguţă care se întoarce către mine şi mă ia de mână şi mă introduce imediat în cabinet spunând celor ce aşteptau că-s cu internarea.
Era o doctoriţă mica brunetă dar foarte rapidă.
"Poftiţi Doamnă să vă examinez"
"Păi! Doamnă Doctor, eu vreau să mă internez cu soţul meu."
"Să vie!"
"Păi nu vrea să vie la consult că-i nervos şi nu poate aşepta!"
"Aşa ceva nu primim; trebuie să fie sănătos să se poată mişca că noi nu tratăm nici o boală ci doar"bătrâneţea"!"
"Doamnă Doctor, dar nu puteţi veni acasă?' îndrăznesc eu," că el are diabet – nu-i altfel de nervos."
Stă ea puţin, se gândeşte şi zice:
"Luni sînt la Dumneavoastră, am adresa."
Vă confirm acum că şi-a ţinut cuvântul şi a venit!
Şi ies eu de-acolo – cei ce aşteptau mi-au făcut loc, că am terminat aşa de repede.
Cucoana – salvatoarea mea, mă aştepta. Ne-am dus la o cofetărie şi am tratat-o cu o prăjitură şi suc. Tot aşa de binevoitoare mă sfătuieşte cum să mă duc la Otopeni. Îmi spune ce şi de unde să iau maşina ce merge acolo. Eram în al nouălea cer.
Dar am avut o primă decepţie - nu aveau locuri. Sunt solicitări foarte multe fiind unicul locaş în ţară – de tip occidental – fiecare garsonieră are baie şi toaletă separate.
"Nu-i adevărat că nu internăm şi de-ai noştri. Avem locuri pentru străini şi pentru români tot timpul anului stabilit dinainte," mă lămureşte doamna de la internări.
E foarte politicoasă. Îmi cere numărul de telefon şi îmi dă numărul ei de telefonul şi zice:
"Cam pe 20 am să vă sun, sau telefonaţi-mi acasă – ceeace-i o mare favoare, că la serviciu e mereu ocupat."
Tocmai acum a venit şi Lică care a fost de acord cu internarea.
Pe 21 iulie vin Lia, Luiza ş apoi Lică.
Pe 23 iulie mă sună doamna de la internări. Mă sună şi-mi spune – cu o seară înainte – ca să venim dimineaţa pentru internare.

Lia, Lică şi Luiza îl îndeamnă că au auzit de faima acestui Sanatoriu. Dar Virgil se înfurie şi le dă afară. Se duc la Doina (fata lui Bădia Ionică); doar Lică mai este tolerat o noapte.

Zilnic Virgil merge la piaţa noastră de aici şi face cumpărături că oamenii curioşi îl întreabă dacă are mereu musafiri. Şi el se supără şi nu mai vorbeşte cu nimeni.

În casă stă în camera lui de la stradă şi nu face nimic, îi place singurătatea şi eu îl las aşa, că eu tot timpul fac ceva, că mă simt tânără.

5 august 1985

Amândoi am fost la şosea la capătul tramvaiului 3. Am crezut că voi putea să-l duc la Otopeni să vadă Sanatoriul dar n-a vrut. Am trecut prin pasaj, am intrat în parc, am mers pe malul lacului şi am ajuns la Expo-flora – vis-à-vis de Muzeul Satului. Aici este expoziţie permanentă de flori – covoare mai mari, mai mici de flori multicolore, care ne înveselesc şi încântă sufletul. Dar el nu dă nici o atenţie acestui fermecător peisaj şi cu paşi mărunţei şi deşi vrea sus. Eu mă mai opresc, îl aştept şi sorb cu nesaţ parfumul şi privesc de sus superbul mosaic floral fascinant. Dar el merge şi merge, nu are răbdare să stea pe o bancă şi se opreşte la magazinul Triumf. De aici cumpără tot ce găseşte: piersici, mere, vinete, ardei, unt, brânză, fidea, etc. etc. Nu pentru că ne-ar trebui ci aşa-i place lui. În general dacă nu găseşte altceva cumpără câte trei pâini, un cozonac, ruladă, batoane 7-8; cornuri 5-6, etc.

E căldură mare 40° C ziua şi noaptea 29-30° C – caniculă.

7 august 1985

De la Otopeni mă anunţă că pe 8 august dimineaţa să venim pentru internare. Eu cer ca să venim pe la ora 10 că soţul meu nu vrea să ia o maşină. Ea mă înţelege şi acceptă, îmi face o mare favoare, pentru care îi mlţumesc.

Virgil pleacă la piaţă.

Eu mă apuc să fac bagajul de internare: al meu într-o geantă - cea de la tine - iar al lui într-alta cu fermoar. El vine încărcat cu: 3 găini greceşti şi 5 pepeni de cei albi lunguieţi de 5-6 Kg. fiecare. Deci totul cu găinile cântăresc peste 30 Kg. Era după masă. Vede că eu fac bagajele, nu zice nimic. Se duce la bucătătărie, se aşează pe canapea cu faţa-n sus şi începe să strige:

"Mooor, moor, moor, nu mai pot!"

"Văleu! Da ce ai? Ce te doare? Dacă aduci aşa greutăţi mari!"

"Mă doare tot corpul, moor, moor!"

"Hai să chem un doctor sau salvarea; vai de mine şi de mine!"

"Nuuu! Nu chema nimic lasă-mă să mor!"

Caut eu să-l frecţionez pe la tâmple, dar el se scutura parcă îl atingeam cu glasspapier şi striga: "Lasă-mă, lasă-mă!"

Eu mă duc la telefon şi o sun pe doctoriţa de la internări acasă că era pe la 7-8 seara şi-i spun:

"Soţul meu se simte rău, nu ştiu ce are, poate insolaţie că a fost tare cald!. Nu mai pot veni mâine că nu ştiu ce-i cu el."

Ea mă compătimea şi-i părea rău ştiind cât de mult aşteptam eu ziua de 8 august. Virgil s-a sculat imediat ce i-am spus că nu ne mai internăm, a mâncat ceva şi s-a dus la culcare, nu s-a uitat la TV ca de obicei.

Eu, toată noaptea l-am cercetat; pe întuneric mă apropiam de patul lui şi stăteam încordată să-i simt respiraţia, sau dacă el făcea o mişcare involuntară atunci mă retrăgeam tiptil să nu-l trezesc! Altă data stăteam în uşă şi ascultam cu respiraţia oprită ca să aud cea mai mica mişcare; şi aşa s-a luminat de ziuă.

Mă culc şi eu îmbrăcată şi mă fură somnul, mă trezesc brusc şi spărietă mă reped la el în cameră, dar nu era colo. Mă duc la bucătărie. Doamne! Ce văd? El copsese vreo 10 vinete şi curăţise vreo 30 de ardei copţi de mine în ajun, ca să-l conving că noi venim acasă Sâmbăta şi Duminica şi să avem mâncare. El era nemaipomenit de bucuros că a scăpat a doua oară de internare.

"Da ce-ai avut? Ţi-a trecut puişorule, cucoşelule ?" şi dau să-l sărut. El se fereşte ca de foc şi ridică capul în sus ca să-l sărut pe pieptul lui păros, osos, că a mai slăbit şi are puţină carne şi grăsime deloc.

"Ce bine-mi pare că te-ai făcut sănătos!"

In acest timp el mereu spunea la toată lumea la telefon că nu se internează! Oare de ce e aşa de vesel? Adică mulţumit, că el prea vesel nu-i nici odată.

Europe in 1985

14 august 1985

O căldura de nu poți respira; de dimineață sunt 30º C. Eu plec iar la Otopeni. Fug după mașină, mă sui în alta, cobor, fug după alta de data asta 149 cea care-mi trebuia. Acum merg mai încet.

Mașina (autobuzul) oprește chiar în poartă. Pe niște alei liniștite, cu flori de-o parte și de alta tocmai în fund în mijlocul pădurii apar două clădiri albe, nu prea înalte așa ca niște vile. Mă duc în spatele lor și observ că au o grădină enormă care este plină de pomi fructiferi; peri încărcați, meri cu mere mici și roșii din cauză că-s prea multe, n-au crescut mari. Pe jos e un strat gros de fructe căzute de vânt sau că sînt viermănoase, apoi pruni de tot felul cu fructe albastre mai mici, mai mari, rotunde sau lunguiețe, altele sunt mari și albe, altele roșcate, mari și zemoase de-ți lasă gura apă. Eu culeg câteva de pe jos că aici e tare curat și fiind departe de șosea nu-i nici praf. Acest Sanatoriu e chiar în satul Otopeni, mașina întoarce la prima stație de aici și nu mai circulă alta.

E o liniște oarecum tristă, e trist că fructele stau neatinse.

Din fund de pe o alee se vede venind cineva în pantaloni, cam prea mic ca să fie bărbat; se apropie, are părul tuns scurt, e femeie. O întreb cum se simte "Comme ci comme ça" îmi răspunde. E româncă, dar a stat mult in Franța. Și mă gândesc, ce elegantă o fi fost și ce coafată. Acum are aspect bărbătesc.

Iată din cealaltă parte vine alcineva, o persoană subțirică cu părul scurt, o fi bărbat sau tot femeie?

"Cum vă simțiți?"

"Eu sunt în convalescență după o operație."

Are un ten frumos alb-roz-străveziu. Spune că are 83 de ani și că i-a murit nevasta de 80 de ani; deci e bărbat, dar are o voce ca de femeie. Mă invită să-i văd camera unde stau doi. Este o camera cu două paturi, o masă, două scaune, două dulăpașe. Eu stau în ușă, el nu schițează nici un gest de politețe ca un bărbat! Și plec, nu mă conduce. Eu mă gândesc că bătrânii nu mai au sex. Sunt ca îngerii numai de gen masculine sau ca nimfele de gen feminin. Copii neputincioși și fără dinți, similar copiilor pînă la un an. Au glasul stins, privirea blândă și un obraz transparent, fin fără nici o expresie, în privirea lor.

Deci e trist în Sanatoriul de geriatrie şi gerontologie.

La poartă o aştept pe doamna de la internări ca să-i explic ce păţesc cu Virgil şi să mă sfătuiesc ce să fac.

"Dacă-i aşa de capricios apoi îl externează după câteva zile. Nici n-am mai auzit aşa ceva, noi nu primim aşa recalcitranţi."

Dar cu stărui şi ea îmi promite că pe 26 august voi avea a treia programare.

Vin acasă încălzită, tot o apă, tuşesc, mă apucă nişte friguri, mă învelesc cu toate păturile, pun o căciulă în cap. Îl rog să-mi facă un ceai şi să-mi puie apă caldă la picioare. Tremuram de frig şi afară erau 40° C. După ce beau ceaiul mă mai încălzesc, dar nu pot respira, mă dor plămânii în partea de jos. Cred că am aprindere de plămâni. El se uita la mine şi n-avea ce-mi face. Încetul cu încetul mă mai liniştesc şi el mă ocărăşte:

"Unde ai umblat până acum?"

"Am fost la Otopeni."

"Nu ţi-am spus că nu mă internez? Nu vreau! Ai înţeles?"

Eu tuşesc şi respir greu, el s-a dus la culcare şi eu am mai tremurat ceva şi apoi am adormit (după ce am luat un piramidon).

A doua zi m-am trezit sănătoasă – dacă vă spun eu că mă simt tânără, iaca nici o boală nu se prinde de mine!

<u>17 august 1985</u>

A venit Matei singur în maşina lui ca să ne ducă la Sibiu sau măcar să ne plimbe prin împrejurimi. Dar Virgil a refuzat fără drept de apel. M-a impresionat mult gestul lui, că asta cere eforturi deoarece benzina este raţiontă pentru nevoile personale, nu pentru călătorii lungi.

23 august 1985.

Era cald tare, toată noaptea am dormit cu geamul larg deschis (Virgil nu deschide geamul de la camera lui niciodată, doar când facem curățenie mare, la 6 luni). Trage storul în fiecare seară iar la bucătărie lasă geamul puțin deschis, îi e frică de hoți. Eu îi zic că dacă intră hoții la mine îi trimit la el, că acolo sunt banii.

Era 12 ziua și el nu se sculase. Mă duc și cu giugiuleli cu mânâieri, cu vorbe dulci: puișorule, cucoșelule, îl scol în capul oaselor.

Mă duc repede la bucătărie, pun de cafea, scot salamul de vreo 1/2 m și tai câteva felioare, le curăț de pieliță, le tai mai mici, pun și puțină brânză tăiată în pătrățele, spăl și tai o roșie mare frumoasă, cărnoasă, pun cafeaua în ceașcă și aștept să poftească dumnealui. Dar văd că nu mai vine. Mă duc la el.

"Văleu! Ce-i cu tine?" am alergat disperată. El era culcat jos!

"Am căzut" zice el încetișor.

"Cum ai căzut? Te-ai lovit?" și încep să-l caut pe la cap. Trag storul, Caut fiecare mădular, dar nu se vedea nici un semn.

"Hai scoală, scoală." Trag de el.

"Nu pot", zice el.

Îl ridic eu de cap şi-l rezem cu spatele de pat. Îl pun în capul oaselor şi-i dau picioarele înainte ca să aibă echilibru, că se dădea când într-o parte când în alta. Apoi îl apuc de o mână;
"Hai, sprijină-te cu cealaltă de pat", dar picioarele fugeau cu covor cu tot.

Atunci mă aplec îi pui mâna pe umăr şi încerc să mă ridic, dar e greu aman nici nu-l pot urni. Mă aplec şi încerc să-l cuprind în braţe ca să-l ridic, dar poziţia mea aplecată nu-mi permite să mă ridic cu o aşa greutate! Schimb mâna lui şi umărul meu:
"Hai, hai sprijină-te cu cealaltă".

Nici pomeneală fugea cu covor cu tot şi nu-l puteam ridica de loc. Schimb iar metoda îl sucesc puţin, aşa stând jos, cu faţa spre pat, îl cuprind cu braţele mele scurte şi neputincioase pentru aşa un gabarit, care mă depăşeşte, şi încerc să-l ridic în genunchi.

"Hai, hai Virgil!" îl îndemn eu cu glas scăzut şi cu răsuflarea întretăiată.

"Sprijină-te în mâini, aşa încă un pic, încă un pic!".

Când gata, gata să-l pun în genunchi îl scăpam. Fără pic de putere mă aşez pe marginea patului şi mă uit neputincioasă la el cum mai neputincios ca mine stătea cu capul şi mâinile pe pat. Sudoarea curgea pe mine, îmi intra în ochi şi mă usturau, în gură – era sărată – se prelingea pe şira spinării iar când eram în plină activite picături mari se scurgeau peste spatele lui şi-i udau pijamaua.

"Hai, haai! Virgil, încă puţin."

Şi cu oarecare bună voinţă din partea lui îl pun în genunchi! Era un prim şi mare success. Dar nu puteam nici să răsuflu puţin că se apleca într-o parte; s-a lăsat cu fundul pe picioare. Îl apuc de pantaloni şi-l trag ca să-l ridic de fund în sus puţin şi pun un picior sub el ca să-l pot apuca cu mâinile şi să-l ridic.

"Haai! Haaai! Încă un pic"

Şi într-un effort nemaipomenit îl împing cu amândouă mâinile de fund şi-l răstorn, ca pe un sac, pe pat cu faţa în jos.

Nu mai puteam, mă înăduşeam, nu puteam respira; doar cu câteva zile înainte avusesem şi eu acele friguri şi greutăţi în respiraţie. Dar uitându-mă la isprava mea, cum stătea el acum în pat ridicat de mine, mi-am revenit aproape imediat. Satisfacţia, mulţumirea că faci un lucru bun pentru tovarăşul tău de viaţă în siferință îți înzecesc puterile și uiți de efort! Și prin asta dovedeam că ... mă simt tânără încă!

Îi aduc o cafea la pat și-i spun:

"Uite vezi cum te lasă puterile? Acolo la Sanatoriu o să te mai întărească, ai să vezi tu."

"Nuu! Nu merg! Vreau să fiu liber cît mai trăiesc și vreau să mor în patul meu!" Răcnește el cu un glas de leu!

Și eu mă gândesc, uite că tot mai are putere!

"Chiar nu vrei deloc, deloc? Uite pe 26 avem a treia programare."

"Nuu, nu, nu,nu!"

Atunci mă duc și telefonez la Otopeni că renunț și la a treia internare deoarece soțul meu nu vrea nici în ruptul capului. S-a minunat și ea, m-a compătimit dar nu mai putea face nimic.

Virgil s-a sculat, s-a îmbrăcat, a venit la bucărărie, a mâncat ce-i pregătisem. Și-a luat niște plase, ca de obicei, și a plecat. N-a explicat cum i-a venit de a căzut jos; poate a avut o amețeală. Ce bine că i-a trecut așa de repede, mă gândeam eu în sinea mea. A venit într-un târziu cu 6 pepeni, albi, luguieți și 3 Kg. de brânză telemea.

"Doamne ferește, da cum ai putut aduce așa o greutate când acum câteva ore nu te puteai scula de jos. Două ore m-am chinuit ca să te ridic în pat și acum vii cu 40 Kg?"

El nu zicea nimic. Ce să fie? Ce să fie? Și data trecută și azi, așa deodată, i-a trecut! Dar bine că i-a trecut și cine știe dacă nu-i va mai veni iar rău cât a mers prin soare, a stat la coadă și la pepeni și la brânză și a cărat așa o greutate!

Noaptea, eu grijulie m-am dus la el mereu, dar a dormit tare liniștit.

24 august 1985.

Fiind sărbătoare ne-am uitat la TV dimineața, apoi am mâncat și el zice:

"Hai la Orizont".

Aici este o piețișoară între blocuri, este cam la 4 Km distanță. Eu, harnică cum mă știți și aman de curată zic:

"Du-te tu înainte, aşteaptă-mă în grădiniţa lui Ovidiu şi Horaţiu (din faţa case Doamnei Margareta Helvei) ca eu să termin de spălat "blidele"."

De când eram mică m-am învăţat să nu le las vasele să se usuce, că trebuie apă mai multă şi caldă şi fântâna era tare departe. Termin repede şi plec după el. Stătea pe o bancă, mă simte şi schiţează un zâmbet parcă de bucurie! Aici sunt nişte pomi corcoduşi mari şi plini de flori primăvara şi apoi au puzderie de fructe mici, rotunde, acre când sunt crude, albe şi roşii şi dulci când se coc. Copii – Ovidiu şi Horaţiu - se suiau în ei şi noi strigam:

"Ovidiule, Horaţiule să nu cădeţi. Văleu, Horăţel ameţesc tu te sui mai sus în loc să te dai jos."

Şi el râdea.

"Cum ameţeşti Pupa Ana? Tu, Bubule nu ameţeşti?"

"Nu! dar aveţi grijă să nu vă rupeţi gâtul" îi sfătuia el morocănos.

Cred că amândoi ne gândeam la acele momente de mult trecute!

Ne ridicăm şi eu îl apuc de mână, el şi-o retrage. Totdeauna aşa face, nu-i place să-l ating măcar, se scutură ca şi cum l-aş înţepa! Şi pornim spre Orizont. Eu nu pot merge aşa încet ca el, mă simt tânără. O iau înainte şi-l aştept la colţ sau mă uit la nişte cărţi în vitrina unei librării. Ajunge şi el.

Este o cofetărie care are nişte mese afară. El se duce înăuntru şi cumpără două pateuri cu brânză şi două pahare cu suc pe care le ţine într-o mână şi se cam vărsau, eu îi sar repede în ajutor şi-i iau paharele. Ne aşezăm la o masă. Asta-i poate singura lui plăcere ca să mă servească el pe mine, numai aici şi numai cu aceste delicateţe. Eu mă bucur şi mănânc cu mare plăcere!

Ne ducem şi prin pieţişoara care credeam că-i goală, dar erau câteva grămezi de pere şi mere. El rămâne în urmă şi văd că vine cu un pacheţel din ziar: cumpărase un Kg de pere şi omul îi dăduse acest ziar. Poate pentru prima oară în viaţa lui a plecat fără plasă. La altă masă cere 4 Kg de pere şi cum nu avea în ce să le pună, negustorul i le-a pus pe masă. El se uita la ele că în ziar nu încăpeau. Nu s-a gândit că n-are în ce le pune. Mintea nu-i prea merge. Negustorul a interpretat că i-a plăcut marfa lui, că pere ca ale lui nu mai sînt şi după multe căutări i-a dat o sacoşă – gratis. Şi plecăm, el zice să apuc şi eu de o parte că-s grele, 5 Kg erau. Dar când nu-s eu, el vine cu 30-40 Kg. Eu nu pot merge aşa de încet, de asta îi iau plasa şi o pornesc înainte. Îl aştept la colţ şi apoi pe banca unde am stat mai înainte. De aici până acasă nu mă mai opresc.

După puţin bate cineva la uşă.

"Uită-te pe ochi!" zice el, dar eu deschid deodată. Era Miki, Tincuţa şi micuţa Ana-Maria. Au venit să-l vadă pe Virgil că-i spusesem că a căzut din pat. S-au bucurat că l-au văzut aşa bine şi lui i-a părut bine că au venit. Îl întrebă dece a căzut? Ce a simţit, dar el nu dă nici o explicaţie. Eu îi vin în ajutor şi-i poftesc pe toţi la mine în cameră la o bere şi două feluri de plăcintă; una fără zahăr cu brânză ca să meargă berea şi alta dulce cu mere. Eu n-am băut deloc că tot tuşeam şi mă zgâria pe gât; aveam în gură o pastilă de faringosept.

Miki povestea cum a fost la defilare şi era tare bucuros că s-a terminat mai repede ca de obicei. Şi cum benchetuiam noi şi chefuiam (2 sticle de bere de câte 1/2 Kg) iată sună telefonul:

"Alo, alo! Mamero!" aud eu în receptor "Ce faceţi?"

"Bună, bună mamă, uite suntem cu Miki şi Tincuţa. Sofica ce face? Dar Horăţel, dar Ovidiu?"

"Noi suntem bine Pupa Ana cu toţii dar dumneavoastră?"

Atâta am apucat că l-am dat pe Virgil care cu un glas stins repeta mereu:

"Mă simt slăbit, mă lasă picioarele, n-am putere, nu mă duc la Sanatoriu. N-am nevoie de doctorii nici de medicamente de la voi."

Am fost foarte surprinşi, chiar fericiţi. Eu mă feresc de acest cuvânt că-i prea pretenţios şi fericirea-i foarte scurtă, dar acum se portiveşte de minune.

Virgil aşa vorbeşte totdeauna; acum 5 ani când am fost eu singură la voi tot aşa vorbea: "Vino acasă; sunt bolnav, sunt slăbit." Cred că v-aţi convins şi voi că realitate nu-i chiar aşa.

După ce ne-am revenit din această mare şi plăcută surpriză mi-am dat seama că trebuia să-i dăm pe Tincuţa şi pe Miki ca să vă salute şi să vă spună câteva cuvinte.

Ca întotdeauna îmi exprim recunoştinţa şi profunda mea admirţie că găsiţi totdeauna câteva minute ca să vă aduceţi aminte de noi să ne telefonaţi.

Mai ales am o deosebită stimă şi veneraţie faţă de neobosita şi veşnic blânda şi buna noastră noră, Sofica, la fel de grozavă şi ca soţie, mamă, gospodină şi peste toate mai este şi o bună şi apreciată profesoară instructor de computer. E o mare eroină a timpurilor noastre. Să căutaţi s-o mai cruţaţi!

25 august 1985.

"Hai la cimitir" zice Virgil după ce am stat la masă şi m-a aşteptat puţin să spăl blidele. Până la chioşcul de ziare a fost cum a fost; de aici mai departe era imposibil de respirat; bătea soarele, se muiase asfaltul, parcă era într-un cuptor.

"Ştii ce? Hai până la piaţă ca să mai stăm pe o bancă la umbră că-i imposibil de circulat".

Era două şi jumătate, când e culmea căldurii. El a acceptat dar n-a avut răbdare să stea mai mult. A plecat cu paşii lui mărunţei şi deşi să înconjoare piaţa care era goală fiind duminică. Nici în alte zile n-a fost niciodată plină.

Voi nici nu ştiţi că s-a construit o piaţă mare, acoperită ca o hală, cu tejghele din beton, cu două cişmele de apă, cu uşi care se trag într-o parte şi în cealaltă, deci tot confortul; are şi un panou frumos scris şi colorat – albastru şi roşu – dar mărfurile a căror preţuri sunt aici afişate n-au fost văzute în piaţă decât câteva (2%). Dacă întrebi pe cineva: Este ceva la piaţă? Da, mese este răspunsul.

Virgil a făcut înconjurul pieţei apoi s-a dus în faţă spre stradă unde sunt magazinele de carne, pâine, alimentara, toate închise. Eu l-am aşteptat să se întoarcă, dar el a luat-o spre cimitir pe o străduţă ce iese aproape. Bine că am observant că altfel stăteam mult şi bine, că aşa face, pleacă şi nu spune.

Îmi venea rău de căldură, lui nu. Zice

"Caut pe un fost şef al meu care a murit nu demult, dar nu ştie cum îl cheamă."

Aici parcă e ceva mai răcoare; mă opresc pe o bancă; el pîş, pîş pleacă spre locul unde sunt cei mai de vază, dar tot muritori. Se duce la fiecare monument funerar – toate din marmură albă, neagră sau combinat. Unele aveau două locuri mari cât patru ca al lui tata; dar degeaba tot niciunul nu se mai scoală! Ba unul dintre nemuritori are aici fata de 23 de ani. Chipul ei frumos şi tânăr este săpat în marmura albă cu părul în vânt, lung şi ondulat! La capul ei este fratele ei de 24 ani. Iată o familie nenorocită care şi-a pierdut ambii copii! Deşi are mare putere în ţara asta, tot este mic în faţa marii nature!

Şi Virgil pleacă mai departe tocmai în partea cealaltă, eu mă duc spre tata, că pe acolo trebuie să treacă el! Iată-l că vine, culege trandafirii trecuţi, vrea să rupă unul şi rupe lăstarul cu totul, din rădăcină, aşa putere are. Mie îmi pare rău, lui nu. Unii trandafiri sunt înfloriţi roz aprins la baza petalelor şi aproape albi la vârf. Sunt veseli şi proaspeţi deşi nu i-am udat (nu mă lasă el) şi nici nu a plouat de mai multe luni. El trece în partea astălaltă şi priveşte şi caută mereu. Eu o iau spre poartă şi îl aştept că nu mai pot. El caută, stă mult la fiecare mormânt. Îi place că nu-l întreabă nimeni nimic. Nici nu simte căldura, nici nu oboseşte, îi place că-i linişte şi-i singur! Ce-o fi gândind! Sau poate nici nu gândeşte! Cât o fi ceasul? În sfârşit apare.

"Ei l-ai găsit?"

"Nu" şi pleacă fără să se odihnească deloc.

Or fi 4 ore de când merge. Şi am plecat spre casă. Eu o iau înainte că îmi este sete, lui nu. Dar îl aştept că n-am luat cheile mele. E tot cald dar soarele s-a lăsat mult și parcă-i ceva, ceva mai răcoare 38° C în loc de 40.

Acasă mă reped la ceas; e 7 și am plecat pe la 2, deci cinci ore a mers Virgil fără oprire, mai mult de 4 ore numai prin cimitir! Asta-i foarte bine, rezistă la drum lung; eu nu.

Intru-n baie ca să mă răcoresc că-s transpirată toată. El nu, nici n-a transpirat, nici nu îi este cald. Se așează pe pat la bucătărie, unde e mai cald ca afară, că toată după masa bate soarele! Nici nu poți respira, dar el zice că nu i-i cald.

Așa ne-am petrecut în mod activ și plăcut încă o zi din vara asta.

Florida, Cape Canaveral, NASA,

26 august 1985.

Eu dimineața până se scoală el pe la 11-12 fac mâncare, plăcinte câte două tăvi, cum am făcut acum câteva zile, îmi fac patul zilnic, mătur, spăl pe jos la bucătărie, WC-ul, holul de la intrare și când termin mă apuc de citit. Deci n-am "timpi morți". Azi nu știu ce căutam prin: "Statele lumii" cartea lui Malița și la Kuwait la nivelul de trai văd 11.640$. Nu-mi vine să cred, mă uit cu lupa, aşa era. Întrucât nu scrie că-i primul loc în lume mă gândesc că poate mai este careva şi mai şi. Aşa că mă apuc şi scriu în dreptul fiecărui stat nu "nivelul de trai" ci "venitul national pe cap de locuitor". Nici n-am parcurs un sfert din carte şi când la Emiratele Arabe Unite la venitul naţional pe locuitor văd 13.500$ (locul întâi pe glob). Ei, asta căutam. De necrezut dar adevărat. Dar acum să caut ultimul loc. Şi hăsesc 3 state: Buthan 70$, Cambodgia 70$, Laos 70. Şi caut mai departe şi pe locurile din frunte: Suedia 6.720$, Elveţia 6.650$, USA 6.640$, Canada 6.080$, RFG 5.890$, RDG 3.430$. Locul 2 Chehoslovacia 3.220$, Locul 3 Polonia 2.450$, Locul 5 Ungaria 2.140$, Locul 6 URSS 2.300, Locul 7 Bulgaria 1.770$, Jugoslavia 2.450$, România 1.000$.

E interesant, nu? Şi unele surprise pe care vi le comunic şi vouă. Dacă ştiaţi, vă rog să mă iertaţi şi să mă consideraţi pe mine ca rămasă în urmă cu cultura generală!

După ce mâncăm Virgil mă invită la Orizont. Da-i o căldură de ameţeşti nu alta. Zic:

"Aşteaptă-mă în grădiniţa lui Ovidiu şi Horaţiu, că eu mai am ceva de terminat."

Eu cred că n-am stat mult, dar nu l-am găsit pe banca noastră; plecase, nu poate sta, trebuie să meargă. Stau eu ce stau şi dau să plec, când o cunoştinţă mă strigă de la geam să mă duc la dânsa. Atât am aşteptat că nu vorbisem deloc cu ea de ieri!

Cucoana asta era singură acasă şi chita noastră, am sporăvăit până ne-am săturat. La ea mai vine câte cineva; are soţ şi o nepoţică de 4 ani cu care mai vorbeşte, dare eu cum nu-mi vine nimeni, nu deschid gura toată ziulica câtu-i de mare, că Virgil nu obişnuieşte să vorbească.

Cât oi fi stat eu acolo nu pot ca să ştiu dar când ies de pe aleia de la ea îl zăresc pe Virgil dând colţul. N-a trebuit să fug că-l ajung chiar dacă merg în voie.

"Ei tocmai acuma vii? Da ce-ai stat aşa de mult? Ai băut suc cu pateu?"

"Nu n-am băut, am umblat prin piaţă."

Mergea bălăbănindu-se cu trei sacoşe grele cam de 4 Kg.

"Da dece ai luat aşa de mulţi cartofi? Să fi luat de la noi că-i mai aproape. Câte ai luat? Dar ceapă, dar brânză, dar pepeni?"

"Nu ştiu."

Acasă cântăresc: 5 Kg cartofi, 5Kg ceapă, 4Kg brânză telemea şi trei pepeni: total 20 Kg.

"Vai de mine şi de mine, ai să te betejeşti, iar ai adus peste 30 Kg, aşa de departe, că nu te mai saturi, ce ai să faci cu ele?"

"Am să le mănânc."

Dar nu poate, că cumpără mai mult decât consumăm noi amândoi şi arunc mereu pe ghenă că nu vrea să dau la nimeni. Dar are o lăcomie nestăvilită de a cumpăra. Are mare poftă de mâncare, dar nu poate. Mănâncă orice salam, cumpără carne tocată şi-i fac ardei umpluţi, zice să-i fac două crătiţi (câte 35) dar eu fac în nişte crăticioare mai mici şi tot îi ajunge câte două săptămâni. Şi nu se plictiseşte de ei şi nu mă lasă să arunc, chiar dacă mai sunt doar doi! Are un stomac extraordinar care primeşte orice, oricât de vechi, chiar alterat. Salată, un castron mare, prinde după câteva zile un fel de mucegai albicios, el o amestecă zice că n-are nimic şi o mănâncă toată-toată! Nici odată n-a avut indigestie. Inima, la fel, nu are tulburări de ritm. De altfel voi cunoaşteţi anumite ciudăţenii de-ale lui şi de-ale mele şi le-aţi verificat sau aţi descoperit altele când am fost la voi.

Acum hai să analizăm – după ce v-am descries cum am putut mai bine ca să fiu înţeleasă – dece şi pentru ce Virgil n-a vrut să se interneze? Dece la început a fost de acord şi apoi s-a comportat aşa de ciudat?

Când a venit doctoriţa acasă el s-a supus examenului medical şi-a fost de acord ca să ne facă bilet de internare la amândoi; mai mult mi-a spus să mă duc la Otopeni şi să fac toate formele, iar el să se ducă direct în pat.

Imediat, valvârtej, eu am plecat ca să-i înplinesc dorinţa, căci orice dorinţă a lui pentru mine a fost "ordin" toată viaţa şi cu atât mai mult acum! Când am venit fără să fi "executat ordinal" mi-a zis:

"Dacă n-ai făcut toate formele n-ai făcut nimic."

Degeaba i-am explicat că nu sunt locuri, el s-a supărat. S-a considerat jignit că el colonel, veteran de război, antifascist, decorat cu atâtea ordine şi medalii, cum el să aştepte pentru un loc?

Supărarea este deci motivul primordial. Dar n-a mai zis nimic şi eu credeam că aşteaptă, nici nu-mi închipuiam că nu va merge când vom avea loc. Nu spunea nimic, nu mă întreba nimic ci mocnea.

Trecând câteva zile şi eu nevenind ca să-l anunţ că îl aşteaptă patul la Sanatoriu el a început să-i spuie Tincuţei, lui Miki că nu se mai internează. Mie nu-mi spunea direct că aş fi cerut explicaţie. Dar când după vreo 10 zile i-am spus că avem programarea (prima), era Lia aici, atunci a strigat ca un leu rănit că nu se mai internează. Eu am rămas uimită: "nu mă mai internez" repeata el, deci nu se mai internează acum, dar atunci s-ar fi internat. Astfel se răzbună că nu i-au dat loc atunci imediat când a vrut el. Eu nu mai conteneam cu explicaţiile, dar el nimic, a luat această hotărâre, gata! Dar eu nu mă dădeam învinsă, speram să revină asupra acestei hotărâri pripite şi neîntemeiate, că nu era vorba de vreo urgenţă ci de ambiţia de a fi respectat, de a i se oferi imediat, nu de a fi amânat nici măcar o zi!

Când, ca o slugă credincioasă ce am fost şi mai sînt încă, nu ca o soţie cu oarecare pretenţii măcar, i-am anunţat a doua programare pe 8 august, atunci nu ştia ce să facă, cum să scape şi să nu renunţe la ambiţia care-i creştea cu fiecare zi de aşteptare! Eu făceam bagajele, el nu zicea nimic. Deodată aud glasul lui, am crezut că mă strigă şi ca o slavă umilă şi supusă mă duc în fugă să văd ce-i? El stătea culcat şi răcnea:

"Moor, moor!"

"Da ce ai? ce te-a apucat aşa deodată? Ce te doare?"

"Toate cele, moor, moor!"

După ce dau telefon că nu ne mai internăm, că soţul meu e bolnav, el aude, că are un auz foarte fin, deodată i-au trecut toate durerile aşa cum îl apucaseră; se scoală, mănâncă şi se duce în camera lui, cred că foarte bucuros că a reuşit să scape şi să-şi menţină hotărârea a doua oară că prima n-a respectat-o. Dar eu am crezut că-i bolnav şi am fost îngrijorată toată noaptea; însă el a dormit bine şi s-a sculat bine dispus şi a copt vinete, poate ca să mă împace, altă dată îl rugam şi nu făcea aşa o treabă, acum nu-i spusesem nimic; poate a vrut să-mi facă o surpriză plăcută. Asupra mea efectul a fost tocmai invers

"Cum? Nu mai eşti bolnăvior? Ţi-a trecut de tot şi aşa de repede? Mare minune nu alta."

Peste câteva zile mă duc iar la Sanatoriu şi caut să le explic o situaţie de care spuneau că n-au mai avut, să renunţi când aşa de greu se obţine o cameră pentru doi, un loc este mai uşor.

"Unde ai fost de-ai stat aşa de mult?"

"La Otopeni" peste cîteva minute mă apucă nişte friguri şi o tuse cum am spus mai înainte (nici acum nu mi-a trecut tusea.)

"Vezi dacă umbli degeaba pe coclauri?"

Dar eu nu fusesem degeaba că obţinusem programarea a treia pe 26 august, când pleca o familie şi se golea camera. El nu zice nimic. Peste câteva zile îl găses jos, cum v-am povestit la ziua respectivă. Anulez iar programarea şi el se face subit sănătos şi pleacă la piaţă. Vine Tincuţa cu Miki să vadă ce-a avut, cum i-a venit rău, dar el nu poate explica, ba chiar face glume ce le stârnesc râsul.

Şi mă gândesc eu nopţi în şir de ce s-a schimbat aşa? De ce n-a refuzat dela început? Ce-i cu îmbolnăvirile şi revenirile subite? Ajung la concluzia că pe lângă supărarea – nemărturisită dar evidentă – s-au mai adăugat şi alte argumente în mintea lui.

"Virgil, care-i cauza că nu mai vrei să ne internăm" îl iau eu cu binişorul.

"Vreau să fiu liber, şi să mor acasă."

"Păi, poţi veni acasă când vrei şi ne internează decât pentru 21 de zile şi doctorul poate să le reducă sau să le prelungească."

Deci libertatea este a doua cauză. Vrea să nu aibă nici un program, nici o restricţie la nimic, nici un medicament. Şi unde şi cine poate să-i asigure deplina libertate decât eu şi aici acasă.

Vina cea mare este a mea că nu i-am refuzat nimic, a făcut el tot ce i-a trăsnit prin minte şi eu am acceptat supusă, docilă, blândă "ca Maica Domnului" cum îmi zicea el când era vorba de această atitudine faţă de alţii, nu faţă de el.

Dacă eu eram mai fermă mai demnă chiar un pic pretenţioasă, bolnăvicioasă, nu să-mi ascund durerile ca să nu-l indispun, acum n-ar fi fost aşa de plângăreţ la telefon cu voi şi cu mine când am fost acolo – nu s-ar fi alintat şi văicărit la o durere cât de mică sau imaginară chiar.

Când vedea că ziua internării vine peste el îl apuca un fel de disperare (îmi închipui eu) cum să scape? Argumente convingătoare sau motive întemeiate nu avea şi atunci în disperare a ... jucat teatru! Lovitură de teatru că moare, că a căzut. Ştia sigur că asta mă va impresiona, că mă va cuprinde mila de el, o milă de care numai eu sînt în stare.

Disperarea, frica nemaipomenită că-şi pierde o parte din libertate l-a făcut să recurgă în ultimă instanţă la prefăcătorie, la lovitura de teatru cu care a reuşit să mă dea gata! Mi s-a făcut milă de el şi găseam că nu el e vinovat că a recurs la aceste două din urmă metode ci eu că l-am adus în acestă stare şi mă mustra conştiinţa.

Vina mea tot atât de mare, cred acuma, constă tocmai în această deteriorare fizică şi morală pentru că eu n-am avut tăria ca să-l oblig şi să-l forţez să-i fac un mare bine chiar fără voia lui.

Ce copil ia medicamente de plăcere? Pe copil trebuie să-l fereşti de foc dându-i peste mână înainte de a se frige! Când eu mă duceam la pansament după operaţie fugeam de doctoral care m-a operat că-mi era frică de el, că era dur, fără milă. Mă pansau alţii delicat, fără dureri, că-mi era tare bine aşa. Dar m-a prins doctoral meu; m-a chemat sever la el şi s-a răstit la mine:

"Fugi de mine, hai? Te duci să te mângâie, nu să te panseze alţii! Păi ce răspundere au ei? Eu te-am operat şi eu răspund! Uite că ai făcut puroi. Cu ei te trezeşti şi peste un an cu o rană ce nu se mai vindecă." Şi trage şi curăţă puroiul, fără milă şi mă ustură şi plâng de durere; dar el răutăcios şi ironic ridică glasul:

"Iată aşa! Te doare acum; dar vei mai veni numai odată, vei fi vindecată numai din două pansamente, nu nevindecată din 200!"

Deci binele se face uneori cu forţa, nu cu convingerea – la copii şi chiar la oameni mari – ca mine – că durerea nu place nimănui.

Cu blândeţea, cu mila faci mai mult rău decât bine în multe cazuri. Dacă nu-mi era milă trebuia să-l scol a doua zi şi să-l duc cu forţa, dar cum dacă-i greu tare şi nu-l pot lua în braţe? Să fi găsit un mijloc şi acum ar fi mers mai bine, ar fi judecat mai bine! Dar mă gândesc şi aşa, că el acolo putea spune că nu vrea să se interneze, sau nu respecta indicaţiile medicului şi îl externa după câteva zile, că aşa procedează cu cei recalcitranţi. Totuşi, oricum aş întoarce-o, problema internării rămâne o mare nereuşită, o mare vină a mea de care mă va mustra conştiinţa toată viaţa. N-am făcut totul, asta știu sigur; dar ce și cum trebuia să fac asta nici acum nu știu.

Gândiți-vă și voi și arătați-mi unde am greșit de n-am reușit ca să-i ameliorez starea fizică și psihică și să-i prelungesc viața în condiții cât mai apropiate de-a unui om normal. Eu zic că nici împotrivirea asta nu-i ceva normal. Dacă ați găsit o metodă care credeți că-i bună telefonați-mi.

Mai am și eu una sugerată de la Sanatoriul de geriatrie și gerontology:

"Internați-l forțat la boli nervoase – numai acolo se poate fără a ține seama de voința bolnavului, care nu este normal. După ce îl tratează și îl calmează poate fi transferat la noi."

Dar mă lasă păcătoasa asta de inimă să procedez așa? Mi se pare că-l asasinez. Mă tem să nu facă un șoc ireversibil. Dealtfel și Sanatoriul nu se știe dacă ar fi reușit să facă niște reparații generale care să-i aducă picioarele în stare de funcționare mai bună deși după cum v-am arătat merge peste 5 Km zilnic – dar eu aveam conștiința împăcată că am făcut tot ce s-a putut pe când așa voi fi veșnic nemulțumită deși nici acum nu știu ce să fac.

San Francisco, Pacific Ocean, Ovidiu Jr., 1996

27 august 1985
Spunea că nu poate merge când s-a sculat pe la 12. Dar eu l-am îndemnat să se miște că altfel se anchilozează de tot.
"Du-te până la pâine" știți ce aproape este.
S-a dus dar până alimentara care-i în 13 Septembrie deci mai departe. A venit cu 8 pachete de brânză de vaci (250 gr), 2 pachete de unt, două pâini. Le-a lăsat și a zis că pleacă iar la piață. S-a întors tare târziu, că intrasem la grijă. Cred că a fost la Orizont. N-am vrut să știu ce a mai cumpărat ca să nu mă mai enervez. Dar a doua zi dau cu piciorul de ceva sub chiuvetă. Ce credeți că cumpărase ieri? Harbuji! Da! Da! De cei rotunzi negri, 5 la număr. Cântăresc unul, are 4 Kg, sunt mai mici și goi înăuntru de copți ce sunt, plus 4 Kg de mere și pere la un loc. Și le-a adus de la 5 Km distanță. Nu-i grozav? Zice că ce să facă cu banii? Să cumpere tot ce vede; dar se mai strică și eu mai arunc fără știrea lui.

Europe in 1985

Florida, Cape Canaveral, NASA, M. Dediu

28 august 1985
Vremea s-a mai răcorit puţin; am dormit totuşi cu geamul larg deschis şi nu mi-a fost rece deşi mă învelesc numai cu o pătură înfăţată de la tine; au cearceafuri colorate. Ce bune sunt – avem două – şi mă simt mereu cu voi când copii erau doar de 9 şi 10 ani, aşa îi am în minte aici, deşi i-am văzut flăcăi acolo.

Acum la 6 seara sunt doar 31 de grade, nu 36-40 ca zilele trecute.

Virgil s-a sculat pe la 12, a mîncat ceva, a băut cafea şi eu l-am invitat la Sebastian (prima staţie unde e poşta) ca să pun un plic cu 3 foi din acest jurnal pentru voi şi să văd dacă nu este prea greu, ca eventual să mai pun nişte timbre. Dar mi-a zis că nu trebuie, e normal. Virgil şi eu am pornit pe jos pe o străduţă numai de noi ştiută, pitorească în felul ei, că are nişte viţă de vie, câţiva butuci la fiecare casă, care nici nu se vede din vedeaţă. Unii au urcat viţa pe casă, alţii i-au făcut fel de fel de suporturi. N-am mai fost cam de mult pe aici şi văd că a început să se coacă "poama". Unii ciorchini sunt negri, alţii albi transparenţi de se văd sâmburii în ei, alţii gălbui cu ciorchini mari şi boabele lunguieţe cât perele. E o desfătare să treci în revistă atâtea soiuri de viţă de vie. Coacerea a fost foarte mult grăbit de căldura ce durează de mai bine de o lună, iar ploaie n-am mai văzut de astă primăvară.

Eu am mers ca deobicei înainte, el a venit din urmă şi a intrat în prima băcănie unde căuta lemon juice grecesc, galben, 250 gr, 10 lei, a luat 10 bucăţi. O cucoană i-a şi zis de ce a cumpărat aşa de multe? Dar el n-a băgat-o în seamă.

Apoi a sosit o maşină cu ceva preparate de carne.

"Hai acasă că mai avem un salam de ½ de metru şi un picior de porc afumat" îi zic eu cu blândeţe în glas.

"Nu, nu merg." şi s-a aşezat la coadă dar s-a nimerit aproape în faţă.

Eu mă uitam cum se înghesuia ca să nu mai încapă nimeni între el şi cel din faţa lui şi am plecat. Am vrut să mă sui în tramvaiul 8 dar era atâta lume pe scări că n-am avut unde pune un picior, că mergeam doar o staţie. Am venit pe jos pe 13 Septembrie. M-am spălat un pic, mi-am spălat şi şosetele şi m-am culcat în costumul Evei – era totuşi destul de cald.

Într-un târziu a venit şi el; eu m-am făcut că nu-l aud ca să nu mă enervez de cele cumpărate; 1 Kg de slăninuţă, am tăiat o bucăţică i-am dat să guste, a zis că-i tare bună; eu am gustat-o dar era tare şi sărată, de asta-i place; 2Kg cremvuşti – prea groşi – i-am fiert unul. Un picior de porc afumat, mai este unul în frigider.

O zi n-a adus greutate aşa mare şi a făcut doar 2-3 Km, că intră de 2-3 ori în fiecare magazin.

A mâncat slănină, supă de pasăre cu fidea; cremvuşti cu cartofi fierţi, plăcintă cu brânză, o pară şi ½ harbuz de cel vechi alb şi lunguieţ. Apoi a citit ziarul: a decedat artistul Octavian Cotescu cel cu Tanţa şi Costel şi a adormit.

USA, MA, Tewksbury, backyard in the fall

29 august 1985

Virgil a fost la piaţa noastră cea de la Ghencea şi a cumpărat mere şi prune. A venit repede că era vreme de ploaie şi n-a mai plecat.

Dar nu ştiu dece nu-i convenea cum merge chiuveta dela baie; s-a apucat de meşterit la ea dar n-a putut-o repara. Eu mă bucur că îşi caută ceva de lucru, că altfel stă zile întregi culcat şi nu face absolut nimic – decât zilnic iese la cumpărături. Şi asta-i bine dar prea puţin. A chemat imediat pe Miki la telefon. Dar el vine târziu că se duce să ia fata de la grădiniţă. Tincuţa lucrează după masă şi o duce ea dimineaţa. A venit pe la 6 seara însă n-a reuşit s-o termine, a scos chiuveta şi a pus-o în baie că nu ne-am putut spăla.

30 august 1985
Vineri, m-am dus la poşta Puişor că am primit un colet (2 cărţi) a băiatului celui mai mic al lui Ghiţă – Val Condurache – care-i critic literar. Eu nu le-am găsit aici se numesc "Fantezii critice" 2 volume, a câte 230 de pagini. V-am spus că mă simt tânără – dar nu mi-am revenit încă din răceala şi supărarea că Virgil n-a vrut să ne internăm. Tot mai tuşesc şi mă zgârie pe gât. Sug mereu pastile de faringosept şi degeaba. Aşa am obosit deşi m-am dus şi am venit cu tramvaiul, că n-am putut să mă sui la Tincuţa.

Virgil mă trimetea să iau bere, dar n-am putut mai ales nu pot duce deloc greutăţi că imediat mă apucă tusea şi am o jenă în respiraţie. Nu pot mânca nimic rece nici aşa din casă. Beau numai ceai cald iar o roşie dacă vreau s-o mănânc o pun în apă caldă.

S-a dus el la bere pentru Miki, care este febleţea lui, şi care a dat telefon că vine pe la 3, se învoieşte ca să termine chiuveta şi Virgil nu s-a mai dus la plimbare, a cumpărat 2 pâini deşi mai aveam una, aşa ca să fie!

A venit Miki şi a lucrat, a lipit, a pilit, a venit cu nişte furtunuri de 10 metri, cu nişte sârme şi cu alte multe scule şi în fine a desfundat-o. Avea mai multe dopuri formate din reziduri şi unul de cauciuc! A muncit eri până la 10 (4 ore) azi tot până la 10. I-a dat 400 de lei.

31 august 1985
De mai bine de o săptămână iau zilnic câte 3 piramidoane şi 3 faringosepturi aşa că azi m-am sculat veselă şi bine dispusă. Dar tot parcă îmi tremură genunchii aşa că nu fac plăcintă; mi-a adus ieri Virgil foi, şi colac peste pupăză constat că-mi lipsesc doi

dinți din cei 5 ce-i aveam în partea de jos și au rămas niște colți care-mi zgârie limba!

    Virgil s-a dus afară, dar eu am rămas ca să mă mai întremez că dacă intru în toamnă așa apoi nu mai termin până la primăvară. Sâmbăta și duminca eu nu prea ies că am TV de la 1 până la 11:30 și-mi place să mă uit.

    Am scris sub forma asta ca să vă arăt cum a decurs firul internării noastre în Sanatoriu, refuzată cu atâta îndărătnicie (alt țibucanism) de Virigil.

    Intenționez să continui acest Jurnal dar cu zilele ce vor avea unele fapte demne de consemnat. Ce părere aveți despre faptul în sine și despre acest Jurnal? Dacă nu este deloc agreabil spuneți-mi cinstit, de la obraz, și-l întrerup imediat. Am vrut să vă arăt că situația nu era de așa natură să vă faceți griji. Chiar aici dacă ați fi n-ați putea face nimic. Dar după cum vedeți eu mă simt încă tânără și în stare încă să mă lupt cu toate.

Chaper 2.2. A venit toamna

1 septembtie 1985
N-am ieșit din casă din două motive: Virgil s-a ocupat de strâns sculele ce au fost necesare pentru repararea chiuvetei de la baie, o treabă destul de complicată deoarece dulapul din perete rezervat acestui scop este plin ochi, nu mai încape nimic pentru că-i o harababură de nedescris. A luat scara ca să poată sta mai stabil decât pe un scaun la raftul de sus fiind cel destinat să primească o nouă încărcătură, că Miki n-a mai luat înapoi furtunul acela lung, sârmele lungi și tari, etc. etc. Le-a pus pe toate acolo și a început să împingă cu toată puterea lui; înjura cu foc și împingea dar ale naibii lucruri parcă erau vii așa ieșeau mereu afară. Atunci a închis ușile sus la acel ultim raft și a început să împingă, să bată cu pumnii ca să stea închis. Eu nu știam ce se aude icnind și pocnind.

"Da dece bați așa că ai să le scoți din balamale."

"Taci din gură nu vezi vă nu vrea să steie închis, părințeasca mamei lor, Dumnezeul mă-tii! Da ești mai tare ca mine?"

S-a dat jos de pe scară, a închis ușile cât s-a putut și a pus scara peste ele și a început a apăsa pe scară cu toată puterea. Așa a izbutit să le închidă cu un foraiber dar de-abea, de-abea rezista!

Eu îmi făceam de treabă pe la bucătărie deși aveam de citit dar se supără când mă vede scriind și citind.

Odată mergeam pe jos la Tincuța și el observă că am ceva în sacoșă.

"Da ce-ai acolo?" întrebă el bănuitor.

"Niște cărți."

"Nu ți-ar fi rușine scârnăvie ce ești, în loc să cauți de mâncare tu umbli cu cărți!" și când am ajuns la dânsa:

"Uite Tincuța, cu ce prostii umblă, cu cărți asta-ți trebuie ție?"

"Lasă, nene Virgil, că eu am rugat-o să-mi aducă că mai citesc şi eu cât adorm fata pe picioare" (Da, 300 de zile a adormit-o pe picioare).

Timpul a trecut repede şi la 11:30 ne-am aşezat la orizontal, că Virgil era tare obosit, cu faţa spre TV, mai adormim, ne mai uităm! Apoi la 2 şi jumătate când se termină, mâncăm şi Virgil se duce la el în cameră şi eu atunci, chita mea, mă apuc de citit sau de scris cu o poftă nemaipomenită şi cu o plăcere pe care numai un lucru făcut pe furiş ţi-o poate da! Doar seara şi noaptea citesc şi scriu în voie fără nici o oprelişte.

2 Septembrie 1985
Am răspuns la cele două scrisori de la voi. Acum voi include aici şi corespondenţa. Am făcut plăcintă cu brânză şi cu mere, la mijloc, ţi-a trimis reţeta, şi obosesc repede că tot mă mai zgârie pe gât. S-a dus el şi a pus scrisoarea aici la poşta la Sebastian, la prima staţie. Avem noi un drum pitoresc de care v-am vorbit, pe acolo s-a dus şi tot pe acolo s-a întors. A venit repede, că fiind luni nu era nici o coadă; dar ca să nu-şi uite obiceiul tot a cumpărat o pâine, deşi mai erau două, şi doi cremvuşti. Nu ştiu cum i-a luat, poate erau ultimii, că altfel nu-l lăsa inima să ia numai atât deşi ieri-alaltăieri a luat 3 Kg din care a mâncat doar doi.

Dar nici nu s-a dezbrăcat, nici nu s-a hodinit deloc şi a zis că pleacă la piaţă. Nu era mulţumit cu cumpărăturile făcute azi. Dar a venit repede cu traistele goale că fiind luni n-a găsit nimic nici aici. Descărcau harbujii, dar nu mai vindea în seara asta, aşa că mâine!

Luni seara vedem serialul Citadela de Cromnin (englez). Îi place şi lui Virgil, de-abia l-am convins să se uite, să nu plece.

3 Septembrie 1985
Am ieşit şi eu din casă şi m-am dus până la piaţă, dar din lipsă de antrenament îmi tremurau şi gleznele nu numai genunchii. Apoi când m-am întors şi am suit scările m-am odihnit de două ori ceace e o mare noutate. Asta însă nu înseamnă că nu mă simt încă tânără. Tot mai tuşesc puţin şi am o insuficienţă respiratorie ceace, din păcate, nu-i o noutate.

Virgil a plecat la piața lui favorite, la Orizont ca să cumpere zarzavat de supă, dar n-a ajuns până acolo, că s-a întâlnit cu o cunoștință care are grădină și care i-a dat: morcovi, țelină, pătrunjel, păstârnac (rădăcini foarte frumoase și proaspete, cu pământ pe ele).

4 Septembrie 1985
De dimineață am muiat rufele pentru spălat că se oprește curentul electric de la 8-10 și după masă de la 4-7, deci au timp să se înmoaie. Vine Mariana ca să ne ajute că-i spălătură mare: 2 cearceafuri de pătură, două de pat, nenumărate fețe de perne și puișoare, pijamale și câte și mai câte, știi tu cum e cu spălatul.

Pentru prima oară sunt cucoană. Da! a venit Mariana la ora 10 și până la ora 1 a spălat tot ce-am avut. Virgil i-a dat instrucțiunile necesare. Ea s-a prins imediat și nu l-a contrazis deloc și i-a plăcut tare de ea. Apoi a spălat pe jos la baie, WC-ul și la bucătărie precum și pe cele două holuri. I-a dat 100 de lei, adică 33,33 pe oră, cea ce face 6.400 pe lună, fără mâncare, că Virgil zice că n-are ce să-i dea de mâncare. Lui îi este frică să nu fie așa de mâncăcioasă ca Lică. I-a spus să vină la șters geamurile. Vai! Sunt așa de bucuroasă că în fine Virgil a acceptat să vină, cum nu vă puteți închipui. Lui îi este frică de furat și de asta nu primiște pe nimeni decât numai pe Miki, în el are cea mai mare încredere. Dar v-a căpăta încredere și în Mariana, care poate veni oricând, că nu are serviciu. Iată un motiv ca să fiu mulțunită!

Virgil a întins rufele (în odaia lui că mașina-i cu storcător) și apoi a plecat la piața Orizont că ieri n-a ajuns până acolo. Dar nici azi n-a ajuns, că s-a dus la "Diabetici" ca să-și ia zaharina și Talbutamid-ul din care n-a luat niciodată vreo pastilă. A venit încărcat cu șuncă, slăninuță cu boia, mușchi țigănesc și încă o bucată de mușchi sau pastramă și 2-3 Kg brânză telemea. Din toate mai avem că eu nu pot mânca și nici lui nu-i face bine, dar nu se poate abține ca să cumpere și ca să mănânce.

Iasi

6 Septembrie 1985
Ieri n-a fost nimic de semnalat. A venit Mariana şi mi-a şters geamurile în două ore (şi lemnăria). Pentru sticlă a pus puţin spirt medicinal, ca o ceaşcă de cafea, la o cană de ceai de apă şi au ieşit nemaipomenit de curate în foarte scurt timp. Apoi şterge cu o cârpă moale nu cu ziare cum făceam eu pe vremuri. N-a făcut baie că i-a fost ruşine.

7 Septembrie 1985
V-am spus în scrisoare ce ocupată am fost – mă simt mai bine; puţin mai tuşesc şi mai obosesc. Virgil nu s-a arăta deloc impresionat de îndemnurile voastre de-a ne interna pentru analize. Tu cunoşti cuvântul NU?

Virgil ia o pastilă contra colitei, că mănâncă zilnic şi multe fructe.

Într-o noapte la ora două mânca harbuz.
"Virgil nu-i bine ce faci."
"NU, aşa vreau eu". Zice nu la orice. Este unul din vestitele Ţibucanisme pe care şi soţul tău le folosea foarte des. Acum poate

o fi mai uitat din ele. Cel mai supărător e acest cuvânt aşa de scurt şi aşa de cuprinzător!

<u>13 Septembrie 1984</u>
Nu-i o greşeală, ci o data de neuitat.
Motto: "Rău cu rău dar mai rău fără rău" Proverb anonim.

Nu ştiu dece, dar simt aşa o mare nevoie de a vă încredinţa o parte din amintirile mele, pe care nu le amintesc pentru voi ci pentru mine. Poate pentru a vă îmbogăţi cunoştinţele generale sau poate pentru a vă obişnui ca să consideraţi că orice-i posibil şi că de la cine te aştepţi mai puţin poţi avea surprise mai surprinzătoare. Amintirea este cel mai bun mijloc de a uita!

Forică, fiind cel mai mic frate din familia Dediu, cine ar fi crezut că este şi cel mai bogat în ţibucănisme aducându-le pe culmi neatinse de nimeni!

S-a căsătorit pe 29 octombrie 1983 iar după un an şi câteva zile au venit aici amândoi ca să înmormânteze pe sora lui Lili, să lichideze cu lucrurile rămase, ea fiind singura moştenitoare şi să predea casa pentru că stătea cu chirie. Ei bine! Din această moştenire s-au ivit multe neplăceri între proaspeţii şi tardivii însurăţei (el 69, ea 65 ani).

Într-o zi ea a plecat singură, cu noaptea în cap, fără să-mi spună nimic. Forică a zis că nu se duce acolo că nu se simte bine, în schimb a plecat la plimbare cu Virgil. Eu am bănuit ceva – ca o vulpe bătrână ce sunt şi ca mai veche soţie a unui membru din famila Dediu – m-am dus la dânsa. Ea plângea; era frig în casă, dar nu de jalea surorii plângea (o înmormântase) ci aducându-şi aminte de discuţiile avute cu prea nedelicatul ei bărbat!

"Nu, eu nu vin acasă dacă nu vine el să mă ia."

În gândul meu poţi să stai tu aici mult şi bine, poţi să şi crăpi de frig, de foame, că un Dediu nu se înduioşează!

"Uite dragă, eu te rog să vii la mine că din casa mea ai plecat şi apoi Forică era bolnav l-am lăsat în pat."

Vorba să fie! Pe unde se plimbă el şi ea plânge. Minciuna câteodată face mai mult decât adevărul (ca în cazul de faţă). Am stat amândouă şi am triat lucrurile până seara târziu. Când ne-am întors, ei fraţii mâncaseră şi stăteau la căldurică, de noi habar nu aveau! Forică s-a uitat la mine şi eu i-am luat-o înainte:

"Ei! Cum te simţi? Dar tu Virgil? Aţi mâncat? N-aţi fost afară?"

"Da am mâncat, mă simt mai bine, nu mă mai doare capul" zice Forică.

Am mâncat şi noi ceva şi ne-am dus la culcare fiecare cu bărbatul ei. Musafirilor le-a cedat Virgil camera lui şi el s-a mutat la mine, nu cu mare plăcere.

A doua zi au plecat împreună, dar parcă nu se aveau aşa de bine, cam ca mâţa şi cu câinele în aşa raporturi se aflau după un an şi ceva de căsnicie.

Dar vorba lui George Bernard Shaw:

"Oamenii care au considerat căsătoria fericită se recăsătoresc întotdeauna."

Însă tot el zice

"Chiar şi în cele mai fericite căsnicii nu trece o zi fără să existe o mie de clipe de infidelitate."

Apoi drept să-ţi spun nu-l mai înţeleg, căci iată ce mai zice

"Nici un fel de certuri nu sunt atât de frecvente şi de pline de nimic ca certurile de familie." (No quarrels are as frequent and angry as family quarrels)

Nu ştiu ce să mai cred!

Dar să ne întoarcem la povestea noastră. Forică a însoţit-o pe Lili de trei ori pentru a lichida această moştenire – multă, puţină cât a fost, care le-a venit din cer, căci nu făcuseră nimic pentru a o merita. Virgil n-ar fi venit cu mine. Lili a vrut să vie singură ca să aibă mai multă libertate de acţiune – spunea ea - dar el s-a ţinut de dânsa ca nu cumva ea să facă ceva fără ştirea lui.   N-are rost să menţionez când, la ce dată au fvenit a doua oară – e destul prima şi mai ales ultima – care a fost pe 21 Decembrie 1984, o dată pe care nici ei nici noi nu o vom uita niciodată.

Spunea Lili că bani lichizi au găsit 12.000 plus 6.000 din vânzarea mobile plus 2.500 din vânzarea lemnelor şi încă alte mărunţişuri; deci aproape 30,000. Apoi un ghiul de 7 grame de aur, cercei, inele, un medalion cu lănţişor de aur pe care le-a oprit ea, plus îmbrăcăminte, încălţăminte din care mi-a dat şi mie câteva vechi (trebuia să refuz , dar mi-a fost ruşine). Cele noi le-a oprit ea. Ba şi Virgil a căpătat un radio - cu forţa că n-a mai vrut să i-l dea înapoi; l-a ascuns în dulap şi ea l-a găsit şi i-a cerut să-i dea 500 lei pe el. Virgil a spus nu că nu-i dă nici un ban şi nici radio.

Eu văzând situaţia încodată la care s-a ajuns, am intervenit cu blândeţea sfinte fecioare şi cu un glas sfâşietor cu o rugăciune – numai în genunchi n-am căzut – pe lângă Lili:

"Auzi tu! Aşa de mult vrea el acest radio – nu ştiu dece – încât eu sunt în stare să-ţi dau de 3 ori cât ai cerut tu într-un timp mai îndelungat, numai, te rog din tot sufletul lasă-i-l!"

"Nu, să-mi dea 500 lei că doar are bani, nu i-l dau degeaba!"

Eu mă mai duceam la Virgil şi el o ţinea una şi bună:

"Nu-i dau nici un ban, nici radioul.

"Tu, Lili ce să-ţi mai spun, nu mai am cuvinte, te implor că aşa de mult Virgil îl vrea că nu cedează nici în ruptul capului."

Îmi spunea că-l trâteşte de pământ dar nu i-l dă şi nu-i dă nici un ban. Şi era tare supărat.

"Te rog din suflet du-te şi spune-i că i-l faci cadou şi eu îţi voi da banii!"

În fine am convins-o, s-a dus şi i-a zis.

"Iată Virgil ţi-l fac cadou că văd că ţii tare la el!" şi l-a pupat.

El s-a uitat neîncrezător la ea, dar văzând că i l-a dat, a pupat-o, a luat-o de după gât şi s-a învârtit cu ea, nu mai putea de bucurie; parcă, parcă îi dădeau lacrimile! Şi a fost veselie parcă era cine ştie ce valoare.

Apoi Lili s-a arătat generoasă şi faţă de mine, spunându-mi să nu-i trimit nici un ban că:

"Eu ştiu că nu ai de unde lua, că el e tare strâns cu banii."

Şi eu am fost bucuroasă că scandalul s-a stins că vorba dulce mult aduce, cum spune un proverb izvorât din înţelepciunea şi experienţa celor anonimi!

Dar nu ştiu dece bucuria durează aşa de puţin că parcă prevesteşte ceva rău. Parcă neapărat o mică bucurie trebuie plătită cu o incomparabil mai mare necaz, supărare sau nenorocire!

Ne urăm noapte bună, închidem uşile şi noi ne pregăteam de culcare. Când liniştea este străpunsă de un strigăt sfâşietor de ascuţit şi disperat.

"Virgiiil! Anaaa! Ajutooor!" deschidem uşa şi din nou auzim:

"Virgiiil! Anaaa! Ajutooor!"

Dăm buzna în camera lor. Doanmne şi ce vedem: Forică cu mâinile în gâtul ei o înghesuia în perete, o trăgea spre el şi o izbea cu putere de perete.

"Măi, Forică ai înebunit!" zise Virgil şi-l trage de o mână, eu de cealaltă dar el se ţinea încleştat de gatul ei care era roşie la faţă şi gata să se prăbuşească.

"Nenorocit-o!" repeta el printre dinţi.

M-am aşezat cu ea pe pat, tremura toată şi şoptea:

"De la bani dragă, de la 90 de lei"

Forică scapă din mâinile lui Virgil şi se repede spre ea:

"Ieşi afară nenorocit-o" zice el de două ori.

Ea cu vocea stinsă:

"Sunt în casa fratelui tău."

Eu îi zic să tacă şi o iau de braţ energic şi ne ducem la mine în cameră.

"De la bani; de la 90 de lei" repeata ea încetişor şi plângea de mi se rupea inima.

Eu o apucam cu amândouă mâinile de cap şi i-l puneam pe umărul meu, o mângăiam:

"Hai, lasă, lasă linişteşte-te; gata nu mai plânge, gata, gata!

"Făceam socoteala la bani." Zice ea suspinând.

"Ştii că am cumpărat trei pui. I-am dat jumătate din banii găsiţi la sora mea, că aşa a cerut, ce mai vrea? În casă eu contribui în fiecare lună la cheltuieli, dar mâncarea eu n-o plătesc la bărbat, că eu gătesc, spăl, cos și-mi plătesc așa mâncarea! Pentru benzină i-am dat de câte ori am plecat undeva cu mașina! Ce mai vrea? Eu am 1.600 de lei pensie, dar am casă, am grădină, livadă mare, vie, fac vin; de două feluri, unul mai fin și altul așa de toate zilele că-i cu vitamine și-i curat și-i mai bun ca apa. Și el n-a vrut să-mi dea 90 de lei cât costă trei pui!"

Mă duc să-i aduc apă. Ei erau la bucătărie și Virgil îl dăscălea:

"Nu știi ce rău e singur? Cum vorbeai tu cu ibricul? Acum iarna e și mai urât."

Când i-am spus lui Lili, ea s-a bucurat că Virgil a ținut cu dânsa, și că duceau tratative de împăcăciune.

Virgil a venit la ea, ca să se ducă la dânsul; dar Lili a refuzat și pe bună dreptate, că avea și acum urmele mâinilor lui pe gâtul ei. După un oarecare timp au venit amândoi frații și făptașul, nu avea deloc un aer pocăit.

"Ei hai, dați-vă mâna"

Zice cel mai mare, care nu cunoaște regulile politeței; formula lui fiind valabilă în armată, dar numai la grade egale, mă gândesc eu. Și-mi era rușine de situația lor ca bărbați, colonei, cu părul alb; degeaba au albit!

Clipele treceau jenante și cineva atunci intrat n-ar fi recunoscut vinovatul.

"Ei hai Forică recunoaște că ai făcut uz de forță, față de un adversar mai slab, care întâmplător este și noua ta tovarășă de viață – aleasă și de tine, că nu numai ea te-a ales."

Oarecum jenat de intervenția mea, el înaintează spre ea și zice:

"Scuză-mă, mamă că am fost nervos."

"Iartă-mă și tu pe mine că penru 90 de lei te-am enervat." A zis ea tot plângând. De ce mai plângea oare?

Apoi Forică în bucătărie mi-a spus:

"E tare nervoasă, Anny nu era așa, era calmă. Are niște cuvinte ca niște pumnale."

"Ei, dar dece nu ții seama că și ea e diabetică? Că a născut 7 copii, că spre deosebire de Anny are pensie, casă, etc.? Lui Anny îi dădeai tu 400 de lei pe lună pe când Lili ea îți dă ție bani, contribuie la toate, deși ai putea să fi mai generos că ai 3.500 de lei pensie!"

"Dar nu are cine știe ce casă, două camere acolo și nici un comfort – lemne, baie cu cazan, WC-ul în curte."

"Dar ce tu ai mai multe camere? Tot două din una în alta, iar comfortul lasă de droit că-i frig și nu-l poți folosi!" i-am turnat-o și eu.

A doua zi au plecat nu complet restabiliți – mai ales ea – din șocul prin care au trecut. Ea spunea că nu mai avea aer și că dacă nu eram noi, ea acum nu se mai număra printre cei vii! Doamne ferește! Chiar așa? A spus că nu știe ce să facă să se întoarcă la casa ei?

Peste câeva zile mi-a dat telefon și mi-a spus că în tren n-au vorbit deloc și că a venit la el pentru că are multe lucruri aici de-ale ei, și că el a doua zi i-a spus:

"Ce bine că n-ai plecat."

Deci se potrivește proverbul ce l-am ales drept motto.

Apoi au mai dat telefon și erau tot împreună!

Dar Bernard Shaw spune:

"Every woman's a charwoman from the day she's married."

Mă uimește cum această constatare care e valabilă la un popor atât de civilizat.

Cât despre noi românii eu sunt și am fost toată viața în postură de servitoare, a soțului meu, nici nu am conceput altfel. A fost în mare majoritate plăcerea mea, de a-l servi și de a se simți bine! Poate în fond la baza acestei "plăceri" stă frica de bătaie, că el e mai puternic, de divorț, că poate să mă părăsească și să rămân singură cu un copil!

N-am putut să nu vă transmit această întâmplare cel puțin ieșită din comun.

Un Othelo și o Desdemona a timpurilor moderne a anului 1985. Am căutat atât cât am putut și cât m-am priceput să redau adevărul, faptele în sine, cu gândul că tot ce-i omenesc nu vă este indiferent. Nu știu de unde am mai luat-o și pe asta.

Eu am păstrat acest secret (ne-a rugat făptașul) și l-aș fi luat cu mine în veșnicie, dacă Virgil nu divulga alt secret care trebuia să rămână numai între noi. Și atunci m-am răzbunat!

Nu altcineva în afară de tine, să citească aceste înşirări de vorbe, care eu simt o nestăvilită dorinţă de a le trimite vouă atâta timp cât o pot face.

Revin la jurnalul meu

7 septembrie 1985
Am văzut la TV un film foarte interesant, se numeşte "Cursa n-a fost abandonată". Am venit un pic mai târziu.
"Ce fel de film este? Îl întreb pe Virgil.
"Englez"
Era vorba de un alergător, maratonist.
Când a venitel acasă zice
"Hi" (hai) salut specific American
"Vezi că nu-i englez?"
"Da, e American" recunoaşte el.
Ne-a făcut mare plăcere auzind acest salut care ni se adresa nouă de oamenii de toate vârstele.

8 septembrie 1985
Virgil a fost la cimitir de unul singur, eu nu mă pot duce aşa departe că gâfâi şi tuşesc, nu mi-a trecut nici acuma. M-am dus până la pâine că-i tot aici la coţul blocului nostru. M-am întâlnit cu Mariana care-mi aducea roşii din grădina ei aşa de mari că din trei cred că se face un kilogram.

9 septembrie 1985
Am făcut fasole boabe în trei feluri, iahnie, supă şi bătută (făcăluită) numai cu ulei (se pune ceapă tăiată mărunt şi puţin oţet), se unge pe pâine, se pun câteva măsline, castrveţi muraţi sau gogoşari şi imită foarte bine icrele.
Am fiert-o în 4 ape şi am aruncat-o. Am mâncat cu mare poftă. N-am mai făcut cred că de un an şi ulcerul meu nu mi-a făcut rău. În ultima apă pun puţin bicarbonat, las şi fierbe şi apoi arunc apa care iese foarte murdară. Fasolea se cojeşte şi o spăl în mai multe ape ca să se ducă cojile care fac gaze.
Mariana s-a dus acasă, aproape de Bârlad, să ducă copii la cules viile.

Virgil a fost la Orizont, piața lui favorite și a venit cu 4 Kg de pere frumoase, galbene,dulci, zemoase – cele mai bune 10 lei Kg. M-am bucurat foarte mult și-am mâncat una cu mare poftă după ce-am curățat-o de coajă. Seara la TV am văzut serialul Citadela.

Iasi

<u>10 septembrie 1985</u>
Virgil a plecat fără nici o ţintă, poate mai pică ceva, numai că el aplică teoria lui Malthus – cumpără în progresie geometrică şi noi nu putem consuma decât în progresie aritmetică. Are o fobie grozavă: îi este frică să nu moară de foame. De aceia nu se uită la ce şi cât cumpără, nici că în cele două frigidere ZIL nu mai încape

nici un ac. Sunt bucșite, apoi două frigidere pentru doi oameni și aceia pensionari care nu fac nici un efort, nu-i prea mult? N-a stat așa de mult. Eu caut să profit de lipsa lui ca să mai citesc sau să scriu și mă fac că nu aud când vine ca să nu mă enervez de ce a mai cumpărat.

El atunci cu o mare repeziciune bagă totul în frigder – că poate eu nu observ.

Pleacă iar, poate-i mai iese ceva în cale. Dacă nu găsește altceva apoi cumpără 3 pâini, un cozonac mare, 2 pateuri cu cașcaval, 2 plăcinte cu brânză, 2 cu mere, o ruladă cu marmeladă, 5-8 batoane sau cornuri ca să nu se întoarcă cu mâna goală.

"Să încălzesc mâncarea?" aveam supă și ardei umpluți.

Când deschid frigiderul ce crezi că îngrămădise el când a venit prima oară? Niște pui în pungi de plastic. Scot eu unul, doi, trei, patru, cinci, dar nu se mai terminau, 10 pui pe care i-a pus grămadă în raft că în congelator cum am spus nu mai este loc demult. Nu pot să scot nimic din freezer pentrucă gătesc din ceace cumpără recent, că n-am unde să-i păstrez decât cel mult o noapte sau două.

"Vai de mine! Da ce ai cumpărat mortăciunile astea?"

Erau niște pui tare mici cu niște gâturi enorm de lungi ce se sfârșeau cu niște capete vinete, plus o mulțime de ghiare (picioare de la genunchi în jos). Unii erau vineți, alții rosietici, toți erau parcă rahitici.

"Ce să fac cu ei? Că nu te mai saturi de cumpărat!" Strigam eu nervoasă în bucătărie, iar el tăcea chitic stând culcat în camera lui.

Eu n-am fost niciodată mofturoasă, am acceptat fără murmur tot ce a cumpărat sau a făcut el. Dar acuma nu mai pot! Fiind așa multă mâncare mi-i scârbă, nu mănânc cu plăcere!

Femeile au pretenții să li se aducă numai alimente de calitate, proaspete; eu însă nu-i spun să cumpere nimic, absolut nimic că avem de toate. Îl rog un singur lucru să-mi cumpere zarzavat de supă: morcov, țelină, pătrunjel, păstârnac. Ce crezi că face? Nu cumpără nici azi, nici mâine și-i spun zilnic. În fine vine cu niște cârcituri cât degetul cel mic de la mână. Da! Da! Nu râde că așa-i, morcovii, pătrunjelul e subțire ca un chibrit dar mai lung, veștejiți, moi, plini de pământ, stricați la un capăt sau la amândouă.

"Ce ştii tu? Că nu cumperi niciodată! Alţii nu sunt!"
"Nu lua toate porcăriile! Uite asta-i ceapă? A, nucile sunt mari! Cepuţele astea sunt cât alunele – harpagică – bună de pus în pământ." (cred că de asta pui şi tu în grădină).
Şi iată aşa ne certăm totdeauna când vine el cu cumpărături. Ce-i mai rău este că acei negustori, cred că-l cunosc, şi se înghesuie împrejurul lui ca să scape de marfa ce n-o cumpără nimeni.
Mai zilele trecute a adus un snop mare de flori, vestejite, murdare, curgeau petalele.
"Uite ţi-am adus nişte flori. Era un moşneag cu ele mi-a cerut cinci lei şi a lăsat cu trei, de asta le-am luat."
"Mulţumesc" zic eu gândindu-mă că gestul contează şi nu florile.
Când le-am triat am ales 15 fire. El zice
"Cum numai atâtea? Ai aruncat pe cele mai frumoase!" Când se uită în gunoi, vede că erau şi mai urâte."
"Al naibi moşneag! M-a înşelat, am dat 3 lei degeaba!"
Asta a fost o paranteză, dar ziua de 10 septembrie nu s-a terminat.
"Hai la cartofi! Nu este nici un cartof! Se dă câte cinci Kile! Hai să stai şi tu la coadă ca să luăm 10 Kilograme, dacă or mai fi!"
"Da eu nu poci să car! Nu vezi că mă înăduş? Obosesc teribil."
"Hai, lasă că nu mori. La iarnă ce-ai să mănânci?"
Mă supun, n-am încotro că nu mă crede; toată viaţa eu i-am ascuns că mă doare ceva. Ne-am dus aici la noi la piaţă şi era un munte de cartofi şi lua lumea cu sacii, cât voia fiecare.
"Iată că se dă cât vrei de ce să mai stau şi eu?"
Erau doar câţiva oameni dar luau câte un sac, şi până-i punea, îi cântărea mai trecea timp.
"Nu! Stai aici! Că ce-i în mână nu-i minciună!" face el haz.
Am stat, am luat 20 Kg. Eu am luat 5 Kg şi le-am pus pe umăr că dacă le duceam în mână parcă se trăgeau în jos plămânii. El a cărat 15 Kg; jumătate într-o mână şi jumătate în cealaltă.
M-am întâlnit cu nişte vecini din bloc:
"Da, doamnă Dediu dece nu daţi cinci lei la vreun băiat ca să vi-i aducă?"
"Păi sunt cu soţul meu, uită-l în urmă! Aşa vrea el!"

"A! sunteți cu aghiotantul?"

L-au așteptat și l-au ajutat deși el nu voia să primească nici un fel de ajutor.

Deci așa am început aprovizionarea de iarnă.

11 Septembrie 1985
M-am dus de dimineață la Tincuța că pleacă la serviciu până la 6, că nu mai are program redus, a trecut la 8 ore.

Se scoală pe la 7:30 și duce fata la creșă, o lasă să mai doarmă, că Miki pleacă la șase. Creșa-i lângă cuscra, dar ajunge tare greu; ia orice tramvai până la Academia Militară și apoi pe 88 care vine foarte rar. Înapoi la fel, așa că face două ore și pleacă în fugă la serviciu obosită și nemâncată!

Mi-a dat niște praf contra gândacilor, că vin pe la ghenă, așa cam un sfert de Kg. deci nu era greu, așa că m-am dus pe la o fată cu doi copii divorțată, că fostul bărbat era bețiv și o bătea și-o dădea afară cu copii cu tot în puterea nopții, dezbrăcați și în frig. Acum s-a căsătorit cu unul care are casa lui, are 45 de ani și ea 27. Om bun la suflet ca s-o ia cu doi copii. Dar "brânză bună în burduf de câine", este tot bețiv și ceace-i nemaipomenit este că și mama lui este tot bețivă. Stau la un loc în casa asta cu 3 camere și 3 bucătării. Îi mai mare dragul să-i vezi cum se îndeamnă, mama cu fiul până termonă o sticlă de coniac.

Virgil a fost la Orizont și a mai venit cu ce crezi? Cu patru harbuzi de cei albi și lunguieți, cam 20 Kg de la o distanță de 5 Km.

"Păi ai spus că nu mai cumperi?"

"Am luat că nu mai era nimeni!"

"Hai să cercăm unul!"

Când îl taie era vânăt cu semințele albe, necopt, castravete.

"De asta nu era nimeni, că nu-s buni."

"Ei! Iaca m-o înșelat."

Și tot așa mereu îl înșeală în fiecare zi.

Cred că v-am convins că Virgil are o plăcere irezistibilă de a cumpăra orice. De asta eu îl las să se ducă singur, pentru că dacă îi spun să nu cumpere ceva se supără și mă bruftuluiește în plină stradă.

"De ce cumperi aşa de mult? Dece nu cumperi ce-i mai bun, nu ce-i mai rău!"

"Aşa vreau eu! Am bani şi ce să fac cu ei? Că tu n-ai cumpărat în viaţa ta!"

Ce să mai spun? Tac şi-nghit vorba ceia până m-oi îneca.

Într-o zi, mai spre primăvară, văd că vine cu o tăflică grea, cu ceva moale, că lăsa o formă rotundă, dar era pusă în mai multe sacoşe, dar tot parcă zemuia!

"Iaca ţi-am adus burtă, era o bătălie, se înghesuia lumea. Şi dac-am văzut aşa m-am înfipt şi eu la rând; am dat 15 lei pe toată asta. Să faci o mâncare pe cinste să avem o săptămână."

"Văleu! N-am făcut, n-am văzut, n-am mâncat niciodată aşa ceva! Fugi cu putoarea asta de aici!"

Ieşea o duhoare de-ţi venea să-ţi verşi şi maţele din tine, ţi se întorcea stomacul pe dos, nu alta.

Iaca vine Tincuţa cu Miki, norocul meu, zic eu. Ei mă vor scăpa de ea.

"Tincuţo, am luat nişte burtă s-o pregăteşti tu că Ana asta degeaba a îmbătrânit, că nu ştie ce să facă cu aşa o bunătate. (Nici el n-a mâncat niciodată.)

"Nene Virgil, da eu nu ştiu s- o fac, n-am gustat niciodată, cât de carnivoră sunt eu."

"Hai nu te mai sclifosi. Spune-i măi Miki s-o facă, ce fel de bărbat eşti?

Săracul Miki era jenat, nu ştia ce să zică să nu se supere cumva.

"Lasă nene Virgil c-o luăm noi."

Dar Tincuţa

"Nu."

El se gândea s-o arunce, dar Tincuţa zice:

"Dacă vine să ceară să-i dau să mănânce burtă, ce mă fac eu?"

În fine a rămas baltă, am schimbat vorba. Au plecat, eu i-am condus până la tramvai. Când vine Virgil, era Dunăre!

"Iaca au uitat burta, du-te repede şi du-le-o. Fugi repede!"

"Nene n-am vrut s-o iau că nu ştiu ce să fac din ea."

Era tare nemulțumit că Miki nu l-a susținut, dar el nu-i vinovat, Tincuța-i capul răutăților. N-a dormit bine de ciudă că burta nu are trecere.

A doua zi îmi zice:

"Du-te și vinde burta asta că-i păcat să pierd 15 lei!"

Eu chita mea. N-am așteptat să zică de două ori, să nu se răzgândească și cu ea direct la gunoi. Ce-oi păți oi păți, dar am scăpat de duhoarea asta. Mă întorc triumfătoare, dar ce să-i spun? Și nici nu aveam 15 lei.

"Ei, hai dă banii, ce mai aștepți, că am stat degeaba la coadă."

"N-am nici un ban. Nimeni n-a vrut s-o ia, o țigancă ar fi luat-o dat când a auzit că costă 15 lei a plecat bomănind."

Iaca vezi cum am pierdut banii și timpul degeaba, că nu ești în stare să faci nimic. Te-am scos din râpă și acum ai pretenții. Și pe Tincuța s-o ia dracu și să n-o mai văd pe aici."

Eu tăceam chitic că vorba ceia "cu tăcerea îi rupi pielea." Apoi am venit la bucătărie i-am dat să mănânce și a uitat de burtă mai repede decât mă așteptam.

Le-am povestit Tincuței și lui Miki cum am scăpat de burtă și au făcut mare haz că trecuse necazul. Odată a văzut și ea cum se vindea aici la alimentara burta, era așa de scârboasă că nici nu s-a putut uita, dar nu-i spunea lui Virgil că se dă burtă ca nu cumva să cumpere iar. Așa a trecut și pățania asta.

Florida, Coco Beach, oranges

<u>12 septembrie 1985</u>

M-am sculat cu noaptea-n cap că aveam nişte mere care se stricau şi eu "econoamă" cum mă ştii nu mă lasă inima să le arunc, mai ales că aveam şi foi cumpărate. În casa asta nu trece nici măcar o zi lăsată de Dumnezeu fără plăcintă cu brânză sau cu mere; acum mai am jumătate de tavă cu brânză, dar o fac şi pe asta, iar Virgil când n-are ce cumpăra mai ia tot plăcintă şi tot cu brânză sau cu mere. Câte odată sunt sătulă că fac şi de două ori pe săptămână ca să nu cumva să se termine şi Virgil "să moară de foame".

Câte odată foile sunt foarte bune şi se desfac, mai mare dragul, dar câte odată îmi vine să le arunc cât colo, dar n-o fac de frică să nu mă prindă. Foile au fost foarte rele, lipite că nu puteam scoate decât câte o bucăţică cât o palmă, dar a ieşit o plăcintă foarte bună şi aspectoasă grozav.

Tocmai când o scoteam din cuptor a venit la mine un bărbat care mi-a cerut ziarul cu congresul al 13-^{lea} că are de făcut un raport la organizaţia de bază, dar nu ştia când a fost şi l-am chemat să-l caute.

Eu am colecţii de ani de zile, am rămas de la bibliotecă cu această pasiune: Magazin Istoric, Flacăra, Săptămâna, Magazinul Săptămânal, Rebus, România Liberă. Cine are nevoie de un ziar la mine îl găseşte cu ani în urmă. România Liberă o ţin numai cu un an în urmă. Dar pe 1984 Virgil o pune la gunoi deşi sunt multe foarte vechi. Eu fac pachete la jumătate de an, le leg şi le păstrez.

Pe 1985 ianuarie-iunie le-am luat şi le-am legat şi le-am pus pe bibliotecă la el în cameră. De trei ori le-am salvat – le-a dezlegat şi le dădea la consum. M-am supărat tare că-şi bate joc de munca mea şi le-am adus la mine şi le-am ascuns sub un scaun ca să le scap de masacrare. Omului acesta îi trebuiau ziarele din 1984.

"Nu le am domnule, că soţul meu le-a desfăcut şi le-a dat la întrebuinţare. Îi aduc un teanc cum fuseseră legate şi i le arăt – dar erau din prima parte a anului 1984. A doua parte le desfăcuse şi le pusese pe sub dulapuri, printre dulapuri la el în camera ca să nu audă zgomot. Dar mă aplec şi scot câteva – erau octombrie şi noiembrie, tocmai ce-i trebuia lui. S-a bucurat tare, că-i greu să te duci la bibliotecă pentru un ziar sau două.

"Vezi ce bine-i pare?" Mă adresez eu lui Virgil.

"Să-ţi iei angajamentul că nu le mai rupi, că nu-ţi mai baţi joc de munca mea" şi a promis. Dar mă gândeam: dece nu-şi păstrează fiecare măcar cele mai importante.

"Nu le păstrez Doamna Dediu că-mi vine greu, uit, le rup imediat. Dumneavoastră sunteţi mai ageră, mai harnică, mai deşteaptă ca mine. (El a fost redactor la un ziar militar şi are 54 de ani şi nu-i este ruşine să vie la mine pentru un ziar).

Dar m-au părăsit repede indignarea şi supărarea la gândul că am putut să-l servesc cu un lucru aşa de mic şi tocmai pentru asta aşa de important pentru el.

Eu sunt tare bcuroasă când fac un bine cuiva. Totdeauna sunt gata să sar în ajutor cuiva în nevoie, mă ofer să fac anumite servicii – şi orice faci cere un efort oarecare. Eu caut să fac un bine oricând şi oricui şi simt o mare satisfacţie.

Îmi pare rău că nu pot să te ajut cu ceva şi pe tine Sofica. Dacă vrei să-mi faci o mare plăcere pune-mă în situaţia de a te ajuta cu ceva.

Dacă îţi povestesc amănunţit peripeţiile prin care am trecut este plăcerea mea de a sta de vorbă cu tine şi de a face haz de acele peripeții. N-o fac ca să arăt ce greutăți am întâmpinat ci numai ca să râdem – căci o situație chiar critică odată trecută devine hazlie. Așa am râs și atunci când am căzut și mi-am rupt mâna.

Așa că te rog foarte mult să-mi dai ocazia ca să te servesc pentru plăcerea și mulțumirea mea ce o simt când fac un bine oricui, dar mai ales ție și alor tăi.

Iasi

13 septembrie 1985

De obicei septembrie era considerat o lună de vară, așa de cald era. Anul acesta de la începutul ei copacii s-au schimbat la față și temperatura a scăzut sub zero grade la munte iar aici sub 10 grade C. Acum la ora 10 dimineața sunt doar +13 grade C. Eu stau în casă cu flaneaua și cu pantalonii cei galbeni de la tine.

Auzi Sofica, nu-mi place deloc cum scriu și am căutat o explicație. E vorba de aspect, că fondul nici odată n-a fost mai sărăcăcios. (1)Trebuie să apăs că am pus indigo ca să-mi rămâie un exemplar să pot avea o oarecare continuitate, altfel aș uita ce am trimis. (2) mintea se grăbește, iar mâna nu poate dovedi să scrie așa de repede.

Un proverb zice că

"Bătrânețea își râde de om" și așa este; natura te pocește, te zbârcește că ți-e frică să te uiți în oglindă.

Eu nici nu mai semăn cu cea de acum 30-40 de ani.

"Și omul își râde de bătrânețe" am inversat eu proverbul.

Eu râd de bătrânețe, în general, și de a noastră în special. Tot ceea ce scriu despre Virgil nu e o critică la adresa lui, ca om, ci mă distrez pe socoteala bătrâneții lui de care nu este el vinovat, ci natura.

Eu am râs tot timpul de mine și totdeauna am spus că-s mai bătrână cu 8-10 ani, ca să primesc complimente de felul:

"A, dar nu păreți!" și le spuneam la cele ce-și ascundeau vârsta:

"Femeile sunt proaste că nu-și spun vârsta sau spun mai puțin decât au; să spui totdeauna mai mult. Atunci capeți laude că arăți mai tânără."

Am râs mereu de prostia mea și chiar de nenorocirea mea – când mi-am rupt mâna, deși în fond era o suferință, dar dacă mă văicăream nu era tot una?

Am râs nu de Forică și Lili ci de bătrânețea care-și bate joc de ei ca să se însoare și să se chinuiască unul pe altul.

"Bătrânii au mintea copiilor", da! încă a celor până la un an, când nu pot să-și comande eliminarea din corp a rezuduurilor, ci îi dau drumul oriunde și oricând, de vină nefiind nici copilul ce n-a ajuns la o conștiință de sine și nici bătrânul care a pirdut-o, ci natura ce-și bate joc de noi la orice vârstă.

Virgil nu mută nici măcar un lucru din casă, se cramponează de orice fleac, nu vrea să-l ducă la beci, nu vrea să-și părăsească camera, pentru un timp doar.

În toate el își vede trecutul, își trăiește trecutul prin lucruri și nu-i el vinovat ci bătrânețea care i-a împuținat nu numai trupul dar și mintea.

El a pierdut orice sentiment de regret, de bucurie, de vinovăție, de milă, nimic nu-l mai impresionează, absolut nimic nici scrisorile de la voi. Ca să scrie câteva cuvinte – neînțelese și acelea - mă rog de el zile întregi.

Eu sunt ceva mai lucidă, mai vioaie (la Sanatoriu m-a întrebat dacă tot așa de vioi este și soțul meu, deci nu-i aprecierea mea) deocamdată eu caut să profit de acest avantaj, oferit de natură, nu mă gândesc ce va fi.

Mă mai distrez pe chestia prostiei umane, a bătrâneții, în general, nu a omului în special sau limitându-mă la Virgil și la mine.

Totdeauna am fost răzvrătită contra propriilor mele limite, a fantasticului banalității, a sfintei mediocrități, a prostiei, căci proștii mor, și prostia rămâne nemuritoare.

Realitatea unică și limitată a ființei noastre unice limitate se aseamănă cu un coșmar din care nimeni nu ne trezește. Viața omului nu este decât o zbatere inutilă în ghearele unor condiții din care nu există ieșire.

Suntem în acest univers aceeași și de totdeauna și vom fi pentru totdeauna –totul e posibil.

Moartea e un fenomen simplu în natură, numai oamenii îl fac înspăimântător pentru că își dau seama de "Imposibila întoarcere". Eu sunt perfect conștientă de toate acestea.

Condiția supraviețuirii mele este cititul. Prin asta eu lupt cu toate păcatele omenești iar scrisul mă ajută ca să nu mă asfixiez. Stau în casă cu acești doi prieteni prin care vorbesc și comunic cu voi. Mărețele voastre scrisori ce-mi comunică mărețele voastre realizări mă fac să mă simt Măreață.

Să mă ierți Sofica - dacă poți – că am bătut câmpii atâta și hai să mai râdem de ce face bătrânețea cu Virgil.

S-a dus la pâine și a venit să o aducă acasă; dar a plecat imediat la Orizont, la piață. Ați observat că nu vizitează decât piețele și alimentarele.

"Ți-am adus pere" zice el, scoțându-și sandalele și își ia papucii de la tine.

"De cele bune?" sar eu repede.

"Da! De cele bune."

Eu bucuroasă încep să le scot şi să le pun pe masă. Dar după câteva bune găsesc unele mici, crude, zbârcite. Le număr: 13 bune şi 23 rele!

"Pe astea le am de ocazie. Cele bune costă 10 lei Kg. Celelalte – era un moşneag cu ele, vreo două chile şi ceva – a cerut 15 lei pe toate şi mi le-a lăsat cu 10 lei; apoi nu-i o ocazie?"

Cred că vroia să zică chilipir – dar memoria nu-l ajută.

"Păi ar trebui, când vezi un om necăjit, să-i dai tu cinci lei în plus nu să-i iei!" îi fac eu morală.

"Ce vorbeşti? Apoi tu eşti cu duhul blândeţei, tu eşti Maica Domnului." Mă ia el în râs, că aşa râdem unul de altul şi dracul de amândoi.

Şi zgârcenia face parte din arsenalul bătrâneţii, Harpagon nu mai era tânăr.

Când cumpără ceva bun nu se îndură să-l mănânce, ci zice:

"Lasă-l acolo că-i tare scump!"

Dar eu îi dau aşa pe nesimţite tăiat şi nu-l mai cunoaşte; e vorba de muşchi ţigănesc, pastrami, salam de Sibiu, etc.

Pe seară a venit Miki şi i-a împrumutat patru mii de lei. Virgil îi dă că e cinstit şi-i înapoiază la timpul stabilit. Are mare încredere în el, dar nu atâta ca să nu-l puie să iscălească o dovadă că a primit banii.

14 septembrie 1985

Am dus scrisorile la poştă, la Lira, prima staţie de aici, dar numai a ta şi a lui Horăţel că a lui Ovidiu am primit-o mai târziu. Nu pot ca să răspund la scrisori acum că trebuie să scrie şi Virgil. El zice că ce-s prostiile aiestea, ce tot scriu mereu? Nu apreciază deloc munca mea intelectuală numai cea manuală şi nici pe aceea nu cine ştie ce.

Am fost pe stăduţa noastră unde fiecare casă are viţă de vie pe acoperiş. S-au copt strugurii dar nu i-au cules încă.

15 septembrie 1985

Virgil a fost la Tincuţa pe jos până la Panduri. A stat vreo patru ore. Ei pleacă acasă la Vasile la Cârja şi le-a spus să-i aducă peşte că îi este tare poftă. Şi Vasile are mare grijă şi-i trimite totdeauna. Eu nu m-am dus că n-a venit tramvaiul şi îngheţasem şi mă treceau toate cele, de aceea m-am întors acasă.

15 este ziua când primim pensiile, dar când e duminică vine cu o zi înainte. Dar să-ţi spun ce pensii avem noi: eu am o mie patru sute şaptezeci iar Virgil patru mii şapte lei. Să-ţi mai spun că eu am ieşit la pensie pe caz de boală şi că la 9 septembrie am împlinit două zeci şi cinci de ani de la pensionare.

16 septembrie 1985

A venit Miki cu fetele ca s-o vedem pe Andreea care a fost la ţară la părinţii tatălui ei. Virgil a fost la piaţă şi a cumpărat pere numai frumoase de data aceasta. Acolo este o cofetărie, a băut un suc şi a mâncat un pateu cu brânză. Am pus scrisoarea lui Ovidiu la poştă cu o fotografie de-a mea cu el când era mic.

17 septembrie 1985

Tincuţa şi Miki au plecat cu fetele la Cârja. A venit Mariana la făcut curăţenie şi a dat cu aspiratorul, dar se înfunda mereu. Şi când mai aveam de aspirat doar jumătate din covorul de la mine, lui Virgil i-a trăsnit prin minte ca să-l repare. Am continuat curăţenia cu mătura iar el a lucrat fără spor până spre seară şi tot nu l-a terminat.

Pe la 6, enervat, s-a dus până la piaţa Ghencea aici la noi. Şi să te cruceşti nu alta. Vine cu două pachete mari de carne, auzi "tacâmuri de curcan" adică fără piept şi picioare, numai oase, vreo 5 Kg. Eu încep să răcnesc la el:

"Unde să le pun? Amândouă frigiderele, nu știi că sunt bucșite?"

El zice că stau bine și sub congelator. Ne-am culcat nervoși amândoi. Când pe la două noaptea el vine la mine și zice:

"Hai la clacă, adică la pârlit oasele de curcan."

"Acuma noaptea? N-ai timp mâine?" răcnesc cu la el.

Dar mă duc totuși la bucătărie că el nu știe ce și cum să facă. Îi arăt cum să pârlească capetele; apoi să deschidă ciocul să introducă cuțitul și să-l pârlească. Erau 11 capete, apoi scurmușurile 16, trebuiau pârlite bine ca să se ia pelița ceia galbenă. Dar el nu putea, zicea că se frige și punea câte 5-6 direct pe flacără. Unele se făceau scrum, negre, arse, iar altele nici că se încălzeau.

"Lasă-mă și du-te și te culcă că nu ești în stare să faci nimic, tu nu auzi?"

I le-am smucit din mână și le-am pârlit eu că mai erau vreo patru. Scpatele cu gâturile lungi, că-ți venea greață uitându-te la ele, mai aveau și pene de-ți era mai mare dragul nu alta, să le smulgi și puse pe foc dădeau un miros greu că m-aș fi lipsit de așa curcan. El nu! Stătea și mă privea și zicea că nu-i miroase. Am pus scurmușele și capetele la fiert "că-s bune de răcituri" zicea el.

Și am stat până pe la 5 dimineața de le-am păzit. Am mai adăugat și ceva carne: gâturi, pieptul osos, spatele de mai mare dragul să tot fie în toată oala 2-300 gr. de carne de curcan. A doua zi i-am pus pe masă ghiarele și capetele, care se uitau la el cu niște ochi tulburi, să le mănânce! Nu-l ispiteau deloc! Eu degeaba îl tot îndemnam:

"Hai mănâncă, ce te uiți așa? Vezi că au creier și-i tare bun iar labele au niște cartilagii, mamă, mamă! Întinge în usturoi!"

Dar nu-i venea deloc poftă. El vede că nici eu nu m-am apropiat de așa bunătăți chiar dacă-s de curcan, le-am pus la frigider, poate mâine.

Am făcut și patru farfurioare de compot cu răcituri în care am pus carne mai specială – gâturi, coastele și câte o bucățică de spate cu os cu tot ca să pară mai bogate în carne.

Mai pe seară iar i-am dat bunătățile de capete și ghiare dar nu știu dece nu s-a atins deloc de ele. Oare dece?

Chaper 2.3. Sfârşitul poveştii

18 septembrie 1985
    M-am dus la piaţă cu noaptea-n cap ca să cumpăr nişte ardei sau varză că am nişte muşchi ţigănesc şi nişte pastrami – de data asta numai carne – care se cam învechise, să le dau prin maşină şi să fac ardei umpluţi sau sarmale. Dar n-am găsit nici de unele.
    Aşa că am luat 15 Kg de cartofi ca să nu vin cu mâna goală. Dar când să le ridic de jos constat că-s teribil de grele. Erau două plase a câte 7 Kg şi ceva.
    Mă a naibii treabă! Cum să le duc acasă? Mă uit eu poate văd pe cineva ce merge în direcţia mea, să-i plătesc să mi le ducă. Da de unde? Toţi erau încărcaţi. Mă opintesc eu, mă mai chitesc şi de-abia reuşesc să ajung în părculeţul acela. Şi de-odată mă fulgeră un gând salvator. Să leg cele două sacoşe cu fularul şi să le pun pe umăr – una în faţă şi una în spate. Ah! Ce bine! Unde întâlnesc un gărdişor mă apropiam cu spatele aşa fel ca sacoşa să se sprijine de el şi o mai ridicam în sus ca s-o schimb pe celălalt umăr.
    M-am întâlnit cu cineva din bloc, dar era în ţinută de plimbare şi nu putea să mă ajute că se murdărea, deşi cu câteva zile înainte i-am căutat şi i-am dat nişte ziare cu congresul de anul trecut! A venit de mai ulte ori că la bibliotecă n-au colecţie, dar să-l mai prind eu că mai vine vreodată!
    La prânz i-am dat iar lui Virgil tacâm de curcan – dat nu ştiu dece nici nu se atinge de ele parcă-i frică - nu ştiu de care capete sau de ghiare? Le-am pus iar la frigider; Virgil şi-a făcut o cafea şi a mâncat cu pâine, iar eu o roşie cu brânză. Azi nici nu a ieşit din casă; oare-i supărat pe chestia curcanului. Mai încerc şi mâine că doar n-am să arunc bunătate de oase!

19 septembrie 1985
    Astăzi şi-a scos pârleala de ieri; s-a dus la Orizont şi a venit încărcat: 2 Kg pere, mere, prune, piersici, ridichi, un check cu rahat, două cutii conserve de peşte, o pâine rotundă, deşi mai aveam două.
    La prânz iar îi dau castronul cu specialităţile de curcan, dar se uită urât când le ele când la mine.

"Am să le arunc. Dece cumperi?" răcnesc eu.

"Nu, că-i păcat c-am dat bani pe ele şi am stat o grămadă la coadă."

A mâncat ridichi cu pâine şi eu am început să arunc pe ghenă câte 2-3 capete şi gheare, aşa pe nesimţite, ca să se termine şi să-i dau răcituri poate i or plăcea!

Şi uite aşa mă cert cu el de fiecare data când vine cu cumpărături. De exemplu, piersicile luate azi sunt toate chiflegite, curge zeama din ele.

"Ce-i mai rău şi nu se vinde tu ei!" mă răstesc la el

Dar degeaba. El tot ce vrea face. Nu ţine deloc seama de mine, ba din contra în felul acesta îşi bate joc de mine.

Am primit scrisoare de la Ovidiu – de-abia îi răspunsesem pe 16. S-a mutat deşi spunea că va sta acolo la P.O Box un an. Eu m-am bucurat foarte nult că mi-a dat adresa ca să nu-l pierd prin California asta mare.

1956

20 septembrie 1985

Virgil a fost la cimitir – e singura zi de când scriu eu acest jurnal când n-a cumpărat nimic. Oare şi-a revenit din încremenirea trupului uitat de mintea frământată? Am fi tare fericiţi amândoi în această toamnă târzie a vieţii noastre! El e resemnat şi nu poate vedea, nu poate spera ca la vârsta asta să se mai poată face ceva pentru redresarea lui fizică. Şi nu numai a lui ci a tuturor celor de vârsta noastră. Şi oarecum are dreptate căci realitatea unică şi limitată a fiinţei noastre unice şi limitate nu este decât o zbatere inutilă în ghearele unor condiţii din care nu există ieşire!

Eu am fost foarte ocupată; mi-am descusut trei fuste (una de la taiorul gri) şi le-am spălat (şi taiorul) în apă cu detergent în cada de la baie.Toate sunt din stofă foarte bună şi în stare foarte bună – au ieşit curate) şi călcate, numai taiorul trebuie căcat la revere şi guler. Dac-am văzut ce frumos s-au spălat am muiat şi paltonul cel negru – cu stofa buclată – era murdară pe la guler şi căptuşeală; a ieşit ca nou, nu alta. L-am uscat pe umăr, nu le-am stors deloc. Virgil m-a felicitate de această mare reuşită. Am făcut economie la bani ceeace mai este încă foarte important pentru el.

Până s-au uscat am citit revistele la care suntem abonaţi – Săptămâna, Flacăra, Magazin şi zilnic România Liberă. Virgil se uită doar prin România Liberă, mai ales să vadă cine a mai murit.

Eu citesc acum "Tărâmul refugiului" de Joseph Conrad (englez) recomandat de Ovidiu. Scrisul şi cititul pe mine mă fac să uit de toate; trăiesc cu intensitate, sunt complet absorbită, râd cu hohote sau plâng cu lacrimi sărate odată cu acţiunea cărţii sau cu cele ce scriu.

Sunt ca o posedată de aceste două preocupări. Dacă nu pot dormi nu-i nici o problem Acum era patru dimineaţa, mă scol şi m-am apucat de jurnal.

Să ştii Sofica, nu-i aşa de simplu, ca să te ţii la zi , trebuie să ai disciplină că altfel timpul, necontenit curgător, trece şi zilele nescrise se înmulţesc. Aşa citeam şi când eram acasă şi mama mă ocăra că de ce plâng eu de toate prostiile; unele cărţi erau chiar interzise fecioarelor nu pentru că nasc dorinţi ci pentru că sînt acte ale iubirii.

21 septembrie 1985

Virgil a cumpărat alte 2 pâini, le-a adus acasă şi a plecat la Helvei – Doamna Margareta, soţia lui nu mai are minte, e o mobilă, şi n-are decât 63 de ani.

Eu am fost tare ocupată cu confecţionatul fustelor că au intrat la apă. Am mai micşorat pliul, am mai adăugat o bucăţică de rejansă, toate cusute din urma acului, ca la maşină. Şi le probam mereu; două zile am fost absorbită cu totul și cu totul de această treabă, că așa-s eu mă dedau cu trup și suflet în tot ceace fac.

M-am întrerupt puțin și m-am dus până la poștă de am pus scrisoarea lui Ovidiu. Am venit repede că fiind sâmbătă TV-ul are program dela 1-3 și să nu pierd ultimul eposod din "Albă ca zăpada". În pauzele care nu mă interesează – cos la fuste – ascult concertul Enescu. Seara iar avem TV de la 19-22. Am văzut filmul American "Premiul" câștigat de un cal.

M-am sculat noaptea și am terminat fustele, că mă mai așteaptă o mulțime de treburi. Parcă mi-au trecut sgârieturile din gât, nu mai am timp să mă gândesc la ele. Mai am de corectat un articol dactilografiat – copie dintr-o carte – mai lucrez și noaptea că nu dovedesc altfel.

Nici n-am observant că toamna a intrat în grădina noastră. E tare plăcut sînt 30 grade C și noaptea 18-19 C. Apusul soarelui e măreț! Ultimele raze de soare se scurg printre frunzele copacilor de un galben diafan, apoi Soarele dispare; cerul se aprinde, amurgul vine pe furiș. Calul din film nu știu cum s-a accidentat săracul, că am fost furată de frumusețea apusului de soare și a superbului colorit –față de alb-negru al filmului.

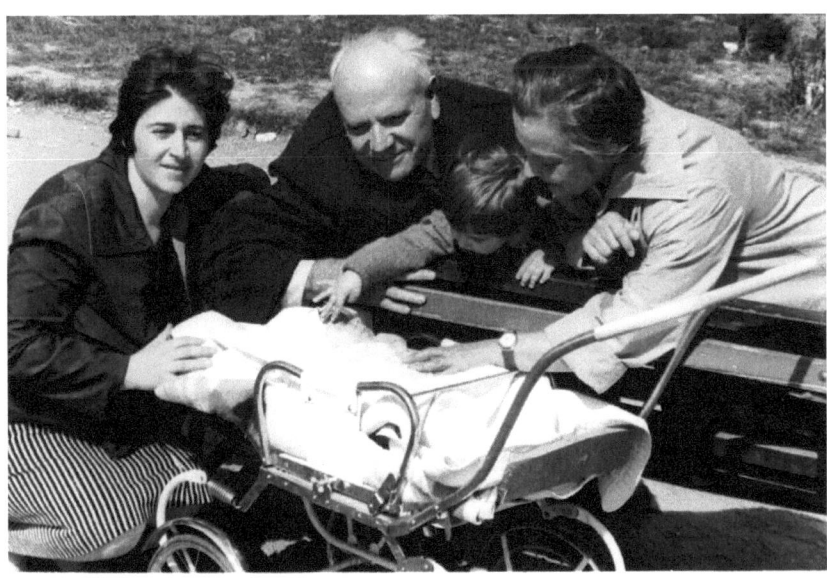

22 septembrie 1985
Eechinocțiul de toamnă. Nu știu dece parcă nici odată n-am văzut o toamnă așa de frumoasă. Poate pentru că-i senin și cald, plăcut. Copacii sunt de un galben curat, nu arămiu și frunzele sunt grozav de multe. Când bate soarele în ei –întâi pe vârfuri – se luminează în camera mea. La Virgil în cameră soarele intră pe fereastră tot timpul anului; la mine in cameră numai ½ de an. Dar apusul soarelui e mai măreț la mine – poate și răsăritul la el; dar eu nu-l văd.

Și azi e duminică, am avut program dela 1-3 Am vizionat ceva nemaivăzut de mulți ani – pe Greta Garbo tânără prin 1926-1933 (a împlinit zilele acestea 80 de ani). S-au dat scene din "Filmul mut". A fost o mare satisfacție și o consolare totodată.

Eu am corectat acel articol. Virgil a fost iar la Helvei și i-a invitat seara la noi. Ca să vezi, n-a mai făcut acest gest de astă primăvară dacă nu cumva de anul trecut.

A cumpărat 2 Kg mere nu știu de unde, avem 5-6 Kg. îm. Împreună am văzut un film grozav italo-american. Despre revederea unui copil cu mama lui după multă alergătură și căutări prin Italia și Brazilia. Pe la 10 noaptea când au plecat i-am condus puțin pe stradă.

La lumina destul de slabă a becurilor se vedeau enorme buchete – coroanele rotnde și galbene ale unor copaci. Nu toți au această culoare care m-a fascinate atât de mult în toamna aceasta. Poate și pentru faptul că n-am avut timp și numai așa câte puțin cu economie am privit pe geam.

Mâine am să mă duc afară să mă uit mult și să mă satur de acest spectacol măreț al echinocțiului. Dar ce spun eu mâine? S-a făcut ziuă și este azi, că m-am sculat cu noaptea-n cap!. Sting lumina și mă mai culc puțin ca să-mi mai îndrept ciolanele și să-mi odihnesc ochii puțin. Tare sunt mulțumită de ei că mă ajută să percep toate frumusețele naturii, să cos, să citesc, să scriu; dar la ce nu ai nevoie de ochi?

23 septembrie 1985

E 7 dimineața, era să zic că voi ați plecat la serviciu – dar e 1 noaptea acolo la voi. Mă uit pe geam, copacii sunt nemaipomeniți, nu se pot descrie. Nu adie nici un pic de vânt. Păsărelele au părăsit cuclușul, doar câte o vrăbiuță mai mișcă câteva frunze. Deschid geamul, e puțin răcoare, dar plăcut. Pe TV am o cizmuliță roșie, nemțească spuneai tu, și o fructieră de sticlă cu picior tot de la tine. În cizmuliță am niște flori tot dela tine – toate nemuritoare și de amintiri aducătoare. În fructieră am niște mere roz-gălbui și niște pere galbene, sînt galbene ca acești copaci a căror frunte este sărutată de primele raze de soare. Bună dimineața Soare și bine ai venit iar la noi să ne mai dăruiești o zi, să ne mai mângâi cu căldura ta atât de dulce.

Am zis că mă mai culc că mă mai culc, dar renunț, trag aer curat în piept, fac câteva mișcări de înviorare, și privesc cu nesaț la specatacolul toamnei ce a pus stăpânire pe grădina noastră.

Teiul lui Mihai e de un verde spre negru și alții tot așa sunt și contrastează splendid cu cei galbeni care sunt probabil mai sensibili la atingerea toamnei imperceptibilă pentru alții deocamdată, că până la urmă tot ea va fi biruitoare. Toți se pregătesc să mai moară odată – pentru o iarnă întreagă!

Virgil a fost la piața noastră și a cumpărat, deși e luni, 5 bucăți de cârnați deși mai sunt două bucăți de cremvuști groși și lungi, că te saturi din jumătate așa-s de mari; 3 Kg de brânză telemea deși mai sînt 2Kg – mai veche S-a uscat puțin, dar eu o pun în apă și se face proaspătă și-i iese și sarea, plus un castron mare de cașcaval ras – ca să fac macaroane. Dar nu ajung să le fac din cauză că nu se mai termină mâncarea deja făcută, că el cumpără mereu. Seara am văzut la TV filmul serial Citadela.

24 septembrie 1985

Am făcut budincă de mere, i-am trimis rețeta și lui Ovidiu. Am citit presa restantă din cauza fustelor și a corectării articolului dat, apoi revista Flacăra, Săptămâna, la Magazinul sunt restantă cu două numere și gândește-te că amândouă au cuvinte încrucișate și n-am făcut nici unul. Nu mai vorbesc de revista Rebus, nici n-am deschis ultimele numere.

Vezi cât de aglomerată sunt, nici nu-mi văd capul. Am să renunț la acest Jurnal că-i tare presant – nu am nici o zi liberă – dacă nu scriu zilnic uit ce-am făcut.

Am fost amândoi la piața noastră dar nu era absolut nimic. Pe drum ne-am întâlnit cu vecina noastră de la etajul de sus care ne-a spus că avem ședință de partid. Virgil m-a trimis pe mine ca să plătesc și cotizația iar el s-a dus la cimitir. Aș fi vrut să mă duc și eu cu el ca să mă desfăt în mijlocul celor ce nu cuvântă de culorile toamnei. Dar dacă-i "ordin, cu plăcere".

Când am ieșit în stradă am observant că acei copaci galbeni și frumoși nu mai sunt – frunzele s-au scuturat și au rămas crengile goale.

În colțul unde a venit toamna în grădina noastră în spate galbenul curat și diafan parcă s-a murdărit – a îmbătrânit doar în două zile. Frunzele s-au rărit că se vede cerul de un albastru ireal.

Niște plopi care ieri erau falnici și verzi azi sunt atinși de suflul toamnei care le-a îngălbenit o parte din frunze dar numai într-o parte; e frumos și așa dar parcă în toate aceste schimbări este așa un fel de tristețe.

Iași

<u>25 septembrie 1985</u>

Am fost la poșta de la Sebastian și ți-am expediat trei pagini din jurnal. Am luat și pozele mărite – eu și cu Mihai la arhivele statului, când era el mic. Nu le-a făcut cum ptrebuie nici după atâta așteptare, totuși vreau să-i trimit una lui Mihai de ziua lui de naștere.

Virgil a fost la Helvei; a luat pâine neagră și un corn alb.

Am fost la Tincuța pe jos, că a venit dela Cârja și spune că i-a adus lui Virgil câțiva chitici de pește. Când colo am găsit – mi-a zis să caut în frigider – într-un jurnal înveliți niște chitici fripți pe plită și umezi. Nu mi-au făcut o impresie prea bună și am luat numai 6 din vreo 20 câți erau. Dar în compensație că am făcut un drum mi-a dat doi ciorchini de struguri, unul alb și unul negru, foarte buni și frumoși precum și o sticlă de vin de cel vechi de anul trecut. Am venit cu tramvaiul că aveam oarecare greutate. Mi-a spus că Vasile, fratele meu, e bine voinic, sănătos și că are de toate. E foarte greu de dus până la el că nu mai au mașina – cursa – care venea la Bârlad și înapoi. E frumos și pe acolo că-i cald, soare, senin ceea ce dă o notă de veselie, dar e mare nevoie de ploaie.

<u>26 septembrie 1985</u>

De dimineață am observant că soarele nu se mai uită vesel la Virgil răspândind și pe sală o lumină jucăușă ce se strecoară printer ramurile ș frunzele teiului din fața geamului. Era innourat și m-am întristat. Dar eu trebuie să lupt cu o asemenea stare sufletească – singură, pentru că na-re cine mă încuraja, n-am cu cine schimba o vorbă, că Virgil e tăcut și când zice o vorbă e răstită și mă las păgubașă.

Îmi îndrept attentia la fuste că trebuie un pic călcate la tiv mai ales, că stau ca niște burlane și taiorul la revere și guler. Dar când pun fierul în priză văd că nu se aprinde lumina aceea roșie. O scot din priză, o pun înapoi în priză, degeaba; aprind lumina, când colo, era oprită. Știu că se oprește zilnic dar nu la ore fixe, mai ales când îi dă drumul, nu se știe niciodată. M-am întristat iar și nu știu dacă voi mai avea chef să calc când o veni lumina. Și m-am apucat de scris ca să-mi treacă ciuda. Mai aprind lumina, dar becul rămâne nepăsător.

Europe in 1985

San Francisco, sunset over the Pacific Ocean

Pe la 12 aproape se scoală Virgil, îi fac obişnuita cafea dar vine la bucătărie că uneori pune în ea şi mănâncă cu brânză şi roşii, salam, plăcintă etc., etc. El îmi spune că e lumină. După ce a plecat afară eu mă apuc de călcat că după masă se întrerupe iar, dar nu se ştie când. Am scândură de călcat şi cu o cârpă udă pusă peste revere trec cu maşina care sfârâie şi ies aburi şi îndată taiorul e ca nou. Apoi îmbrac scândura cu fiecare fustă şi într-o oră, aşa cu aproximaţie, că nu am cronometrat timpul, toate sunt ca noi.

Virgil vine acasă cu patru gogoşi cu marmeladă şi o pâine rotundă, pe cea veche o fac pesmet, că totdeauna rămâne pentru că cumpără prea multă.

Dar pleacă iar la piaţă – vine cu mâna goală, mănâncă dar văd că nu se descalţă de sandalele lui urâcioase şi prăfuite, neatinse de când le-a cumpărat. El stătea gata de plecare.

"Mă duc la piaţă că am ceva de cumpărat." Zice el. Eu habar n-am. Când se întoarce era încărcat: o sacoşă de roşii cred că vreo 10 Kg, 5 Kg cartofi, 1 Kg pere, unul mere, unul prune. Din roşii curgea zeama şi zic:

"De ce ai cumpărat aşa de multe şi aşa de storcite?"

"Fără observații, că nu se mai găsesc. Ce știi tu!"

Mă apuc să le triez în trei castroane, cele chiflegite de tot, cele mai puțin și cele mai tărișoare. Pe primele și mai aleg din cele de categoria a doua le spăl și mă apuc să le tai și să le curăț de părțile stricate ca să le pun la fiert. Când deodată se face întuneric – s-a întrerupt a treia oară lumina. S-a mai întrerupt și altă data dar nu m-a deranjat ca acum când aveam treabă. Virgil îmi aduce o lumânare, zice că lanterna se consumă – și-mi continui treaba. Îmi pare rău că dacă nu este lumină n-am să pot vedea serialul acela științific american "Planeta vie".

Stăteam pe întuneric, am stins și lumânarea că și ea se consuma, mă uit pe geam la bucătărie și se vedea în unele locuri câte o luminiță slabă. Am impresia că-i camunflaj ca în timp de război să nu ne bombardeze. S-a aprins lumina tot așa pe neașteptate. În acest fel n-am pierdut serialul – a fost mare bucurie – și am uitat de necaz.

Cât de puțin pretențioasă sunt și nu numai eu, toată lumea se adaptează la orice condiții și consideră faptul că s-a dat drumul la lumină ca o mare favoare nu ca ceva normal.

Omul zice

"E bine și așa, ferească Dumnezeu de mai rău."

Iată în Mexic în urma celor două seisme o mulțime de morți, răniți, fără adăpost și hrană, fără lumină și TV, apoi nu-i mai rău acolo? Cum a fost și la noi în 1974.

După ora 22 când se termină TV-ul am dat prin strecurătoare roșiile fierte, am pregătit sticlele și celofanul, apoi am pus oala acolo pe geam să se răcorească.

Iasi

27 septembrie 1985

M-am sculat dimineaţa, am pus sucul de roşii în sticle, au ieşit 4 sticle de ½ Kg. le-am legat de două ori cu celofan şi le-am pus la fiert într-o cratiţă mai mare cu apă (au bain Marie) o mulţime de muncă pentru nimica toată, dar odată terminată treaba m-am bucurat.

Afară plouă, la 7 dimineata sunt 10 grade. Pe la 8 a dat Lina (sora mea) telefon de la Galaţi ca să vadă dacă am ne-am întors de la Sanatoriu (le-am scris că ne internăm şi să nu facă un drum degeaba). Dar nu ne-am mai internat şi de supărată ce-am fost nici nu le-am scris, mi-a fost ruşine drept să-ţi spun.

A telefonat şi Lică să ne întrebe dacă a venit Forică.

A venit Mariana şi Virgil i-a dat bani ca să ne cumpere două pâini rotunde şi două verze dacă găseşte.

Virgil a plecat şi el la piaţă.

Între timp a telefonat Forică, să ne spună că vine mâine.

Virgil a luat 2 Kg brânză telemea, 2 Kg făină de grâu. 2 gogoşi calde cu brânză pe care le-a mâncat singur, de mine nu ţine seama niciodată, 1 pachet de fulgi de porumb. A venit şi Mariana cu două pâini și două verze pe care le-am și tocat ca să-mi fie mai ușor și să fiarbă până vine Forică.

La TV nu m-am uitat că nu era nimic interesant.

Iasi, Mitropolia

28 septembrie 1985

Fac mâncare: varză călită cu friptură, macaroane cu cașcaval și supă de zarzavat, nelipsita mea supă.

De la trei noaptea n-a mai fost lumină până la 12:30. Temperatura la 11:30 a fost 11 grade C iar la 13 a fost 16 grade C. Am pus crătițile la cuptor, m-am spălat, m-am schimbat (după ce am spălat pe jos la baie, WC, bucătărie și cele două holuri).

Când fac mâncare eu nu pot sta pe scaun și mă dor tare călcâile, dar altfel nu pot.

Când, la TV este un număr care nu mă interesează privesc pe geam în colțul unde a venit toamna. Copacii sunt falnici dar frunzele îmbătrânite s-au scuturat formând pe jos un strat gros care foșnește metalic când calci pe ele. Am luat o frunză și am căutat în dicționar să văd ce copac este acela care îmbătrânește așa de frumos – e un fel de arțar. Restul copacilor sunt de un verde spre negru. Dar tot în colţul acela la intrare pe ultima scară este o creangă care peste noapte s-a făcut roşie, roşie. Ce-i şi natura asta.

Mă mai uitam să văd dacă n-a venit Forică, mă uitam pe geam la Virgil că el lasă maşina peste drum.

"Da, au sosit." Îi zic lui Virgil. El zice:

"Nu."

Dar ei erau, i-am zărit, apoi i-am văzut traversând strada. Şi-au venit la uşă. Şi le-am deschis sărutându-I şi primindu-i cu voie bună, că nu ne-am mai văzut de un an de zile.

Lili tot pusă la punct cu părul albăstrit, elegantă cu pantaloni bej şi haină la fel, sveltă, foarte plăcută ca înfăţişare.

Stăm de vorbă, dar Virgil vrea să-i expedieze la Gaby şi le spune să-i dea telefon. Dar e prea devreme, nici 2 nu-I, n-au venit de la serviciu.

Lili vine la bucătărie şi observă că radioul dela ea nu-i la locul lui. Virgil îl ascunsese ca şi acum un an când ea i l-a dat cadou – parcă a avut presimţirea că il va cere.

Ea vine la mine şi zice să-i spun să-i dea radioul care ea i l-a lăsat anul trecut. Am rămas uimită şi ca să nu pun paie pe foc n-am zis nimica; aşa de convinsă era ea că nu mai încăpea nici o discuţie.

Şi a început un scandal, aşa ca între neamuri. A venit şi Forică care o susţinea pe Lili, că-i amintire dela sora ei. Lili a început căutarea; un dulap era încuiat cu cheia şi bănuiala era că-i acolo. Trage Lili mai tare şi forţează uşa care se deschide. Caută ea dar nu-I acolo. Eu mă sui pe un scaun dar nu-i mai sus.

Îl întreabă pe el unde-i, el zice că nu ştie. Anul trecut l-a găsit mai uşor dar acum nu dă de el deloc. Se uită pe sub pat, peste toate dulapurile, nu-i şi nu-i şi pace bună.

Şi încep insultele. Virgil zice că-i o rablă, că sora ei a fost aşa şi pe dicolo. Lili se enervează începe să plângă dar pe Virgil îl lasă rece. Forică zice că-i amintire dela sora ei, dar el nu cedează în ruptul capului că nu-l dă.

Încep să-l caut în dulap la mine în cameră; Lili se uită pe sub pat, nimic. Când deschid dulapul cu rufe era acolo acoperit cu nişte prosoape. Când l-a văzut Lili, l-a luat imediat şi în clipa următoare a părăsit casa.

Noi ne uitam pe geam și Virgil i-a văzut că se duceau pe partea cealaltă spre restaurantul Muncitorul. Era tare nervos.

"Hai să ieșim puțin afară, ca să-ți mai treacă nervii și mie la fel."

"Ce rău mi-ai făcut tu! De ce mi-ai dat aparatul?"

"Păi nu era al ei? Ai tu nevoie de așa o rablă? Să se termine odată!"

Când ieșim în stradă mașina nu mai era acolo. Unde au plecat? De ce n-au spus nimic? Când mai vin?

Am plecat spre Orizont. Pe drum eu spun ca să ne întoarcem că poate ne așteaptă, dar el nu vrea, merge înainte și eu după el. Ne-am întors pe la vreo 7 când începe programul la TV. Am văzut filmul "Singura șansă" cu un avion aterizat forțat în desert! Șansa era să-l repare, ca să plece cu el.

Virgil iar repeta:

"Ce rău mi-ai făcut! Am rămas fără apparat." Deși el are unul și eu altul. Ar trebui să-mi mulțumească că așa s-a terminat scandalul, altfel nici acum nu se termina. Ș-apoi era al ei nu a lui Forică.

29 septembrie 1985

E duminică, până la ora 19 Forică n-a dat nici un telefon. Pe la 3 după masă am plecat la cimitir ca să luăm puțin aer. Pe drum am admirat acești copaci – ațari, care știu să îmbătrânească așa de frumos. Teii îmbătrânesc cel mai urât – parcă sunt pârjoliți ,arși – frunzele se strâng și au o culoare pământie, imposibilă. E soare , cald, frumos și liniște în cimitir. Trandafirii tatei mai au doar un boboc. Virgil zice:

"Hai să strângem lumânări."

Eu m-am cutremurat și m-a trecut un fior rece.

"Nu, uite că te vede cineva."

A lăsat să treacă și s-a aplecat cu greu și a luat și a stins lumânarea, apoi a luat-o și a pus-o în buzunar. Eu descopeream – am găsit o comoară de 5-6 lumânări stinse și l-am chemat pe el care le-a luat. Eu nu îndrăzneam.

El a luat-o pe altă alee, eu printre morminte am luat întâi una, apoi alta și așa m-am dedat imediat la această josnică profanare și am cules așa de multe că nu-mi mai încăpeau într-o mână – cu cealată culegeam. Le-am legat cu o batistă.

Acasă am făcut bilanțul rușinoasei aventuri: Virgil 18 și eu 23. Și mă miram încă cum de oamenii mai aprind lumânări, când în casă nu au lumină. Virgil zice:

"Păi dacă gaz (petrol lampant) nu este, lumânări nu sînt, ce să facem? N-am crezut niciodată că voi fi în stare de așa ceva, dar de nevoie ce nu face omul!"

Din jurnalul acesta ați văzut că noi nu ducem lipsă de aproape nimic, avem carne; mai am o găină grecească, cei 10 pui și tacâmurile de curcan, asta ce-i mai nou, că-s pline ambele congelatoare cu provizii mai vechi; plus cârnați (salam, cremvuști și două rasoale de porc afumate). Dar sunt unele lipsuri pe piață. De exemplu: struguri au fost acum vreo două luni – acum lipsesc. De asemenea lipsește gazul și lumânările și piper negru – sare de lămâie – foaie de dafin, drojdie – dar fără ele putem trăi.

Seara am vizionat un program searbăd, fără gust și filmul chinezesc "Destin". Chinezoaicele au un glas așa pițigăiat când cântă și toți artiștii vorbesc răstit, se reped unul la altul deși fetele sunt delicate dar prea sobre că hainele sînt încheiate la gât și cu pantaloni la fel ca băieții. Unde-i mătasea chinezească?

Ne-am culcat, Virgil n-a vrut să dea telefon lui Gaby, lasă că nici nu-l știa, dar nici Forică n-a dat nici un semn de viață. Când mă uit pe geam și nu văd mașina acolo, pentru că-i știu aici am așa un mare regret, strângere de inimă că ne vedem rar și atunci totdeauna se ivește un motiv de ceartă între părți.

1955

<u>30 septembrie 1985</u>

Am fost la Mariana că îi spusesem să nu vie pe la noi că avem musafiri pe Forică. Dar el n-a mai dat nici un semn de viață.

Nu știu dece Virgil nu vrea să dea nici un telefon la Gaby. Strigă la mine:

"Nu dau nici un telefon și nici tu nu da, că fratele-i al meu nu al tău."

Mariana și-a cumpărat un purcel că stă într-o casă cu o curticică și cu altă familie în curte care are două fetițe (ea are doi băieți). Și Kati aceasta, vecina ei, lucrează la Casa Scânteii și mi-a împrumutat "Cel mai iubit dintre pământeni" ultimul roman a lui Marin Preda. De când îl caut! Sînt nemaipomenit de bucuroasă; dar iar sînt foarte, foarte aglomerată.

Am fost la cuscra că mi-a cerut adresa lui Ovidiu și nu i-o puteam da prin telefon. Ea e bine, s-a mai îngrășat. Ca de obicei am mâncat la ea. A făcut mămăligă că avea pește prăjit cu usturoi, friptură de pui și o sticlă pe jumătate cu must roșu care avea un strat gros de spumă, fermentase. Am mâncat ca-n vremurile cele bune, dar eu ca o necioplită ce sunt m-am dus cu mâna goală. Nu știu nici odată ce să-i duc și ea totdeauna mă pune la masă. De dus m-am dus mai bine; dar la venit a fost ceva de necrezut. Troleibuzul 88 a venit după o oră, nu mai aveam altă legătură cu

Podul Izvor ca s-au anulat toate vehiculele ce treceau pe aici pe unde se construieşte Centrul Civic: Casa Republicii şi bulevardul Victoria Socialismului. Când am ajuns acasă, i-am dat telefon şi s-a minunat.

Dar drumul a fost minunat. În parcul de la Facultatea de Medicină erau atâţia copaci galbeni şi m-am desfătat privindu i. Obsedantul galben mă încântă, râd la fiecare copac în straie de sărbătoare, îmi intră în suflet nu mă mai satur privindu-i. Se învăşmântează deodată de sus până jos într-un galben de sânziene şi durează 2-3 zile, destul ca să-mi bucure sufletul. Am văzut şi alţi copaci atinşi de toamnă dar cei mai frumoşi aceştia sunt.

Virgil a fost şi a plătit întreţinerea şi s-a dus, de asemenea până la alimentara de unde a mai cumpărat nişte cremvuşti. Iar am strigat la el dar degeaba el face tot ce vrea.

Am văzut la TV serialul Citadela, unde situaţia acelui doctor – eminent savant, cercetător, doctor în medicină – s-a cam complicat.

Ne-am culcat fiecare în camera noastră. Am tras un pui de somn şi m-am trezit la ora două. M-am sculat şi am scris această pagină că şi jurnalul acesta mă obsedează grozav; nu- mai pot face faţă de aceea am să-l părăsesc.

1 octombrie 1985
La Virgil în camera e veselie; razele soarelui curg printre frunzele mici şi transparente ale teiului din faţa geamului. Acesta este un tei foarte curios – în vară pe căldura cea mare frunzele i-au fost pârjolite ca de foc, maro erau şi sfârogite. Dar extraordinar – i-au dat alte frunze. Acum e complet verde, un verde crud de primăvară şi se bucură şi joacă la adierea vântului în bătaia soarelui.

De dimineaţă erau 10 grade C acum la 12 sunt 16 grade C. Am făcut budincă de macaroane şi varză – prima şi probabil, ultima oară – să văd ce-o ieşi. Apoi m-am apucat de citit cu mare foame şi cu poftă, că M. Preda are mult miez şi e bogată în cugetări filozofice. Am găsit mari asemănări cu Minea în ceea ce priveşte religia şi vocabularul zice că "se împuţinează": aşa cum am zis eu de Virgil şi ţi-am scris de mult."

Nu am şi eu o idee sau un cuvânt măcar original, le mai găsesc şi la alţii ceeace mă uimeşte.

Intrucât Forică n-a mai dat nici un telefon de sâmbătă când au plecat fară ştirea noastră am început să ne îngrijorăm. Am dat câteva telefoane la Sibiu, poate au plecat acasă; dar nu răspundea nimeni. Am sunat la Gaby dar răspundea altcineva; am dat la informaţii dar ne-a spus că nu au nici un abonat cu acest nume – deci telefonul e secret.

1956

2 octombrie 1985

M-am îmbrăcat şi am ieşit amândoi afară când iat-o pe Mariana. Era mare agitaţie pe strada noastră; bărbatul ei fugea – eu credeam că la serviciu, când colo la meci fugea el. Aici la Stadionul Ghencea (al Stelei) joacă Steaua cu o echipă străină dar nu ştie cu cine. Când mă uit eu în urmă Virgil nu-i.

"Mă întorc, Mariana să văd ce-i cu el."

Era în gangul dela intrare.

"Am luat pâine şi am dus-o acasă. Hai la piaţă la noi."

Eu o iau înainte că nu pot merge aşa încet şi-l aştept pe bancă în părculeţul nostru. El să mai vie pace. Mă întorc iar înapoi şi îl găsesc la alimentara, luase doi cremvuşti mari, groşi şi lungi de doi metri

Zic

"Vai, ce faci cu atâiţia cârnaţi?"

"Mănânc, mănânc eu!"

A! mai luase patru gogoşi – a mâncat două. Aşa ne-am petrecut ziua.

Seara dă telefon Doina şi zice că azi noapte Forică şi Lili au dormit la ea. Cauta telefonul lui Gaby, i-am spus că am unul dar nu-i bun.

"Să ţi-l dau pe-al Felicicăi, dar zice Virgil că e la Piatra Neamţ."

"Nu e aici." Zice Doina.

I l-am dat şi într-adevăr ea-i la Gaby până după 8. Aşteptăm să vie ora. Am luat eu în mâinile mele toată afacerea. Am găsit-o pe Felicica care ne-a dat telefonul lui Gaby şi a vorbit Virgil cu el şi cu Forică care a zis că vine a doua zi.

3 octombrie 1985

Forică n-a venit. Virgil n-a mai vrut să-l sune că prea şi-au bătut joc de el ca să-i aştepte toată ziua.

Afară-i o căldură 30 grade C. Copacul meu cel falnic şi frumos a rămas doar cu câteva frunzuliţe pe vârful crenguţelor de la vârf. În schimb a apărut iedera de un roş purpuriu foarte plăcută vederii mele de la geam. Dar ea are dezavantajul că nu este maiestoasă, nu stă pe trunchiul ei ci se târăşte pe nişte sârme sau pe trunchiul unor copaci care parcă au înflorit cu nişte flori mici şi roşii.

Am fost la Marcela şi i-am dus nişte linoleum că eu nu-l mai pun pe holul dela bucătărie că se strânge mult gunoi sub el. A venit şi m-a aşteptat la tramvai că era greu. Era tare bucuroasă că are buletin de Bucureşti prin noua căsătorie.

Când am venit acasă Forică fusese şi încărcase toate lucrurile de la boxă şi cele patru scaune din casă. Eu m-am supărat tare şi a zis că a adus în casă şase scaune şi nu patru! Ca să vezi. M-am considerat pur şi simplu jignită şi ca să nu dau loc la discuţii am refuzat să-i întâlnesc. De altfe nici n-am ştiut că vin azi.

Virgil a făcut o mare greşeală că l-a dus acolo jos şi a luat maşina de râşnit cafea şi nu ştiu ce alte fleacuri.

Asta i-a dat ocazia lui Lili ca să zică că-i lipsesc mai multe lucruri, ceea ce iar nu mi-a convenit; aşa încât după un an de zile cât au stat lucrurile ici în loc de mulțumesc a ieșit cu ceartă și supărare – așa cum se întâmplă totdeauna când se întâlneau frații Dediu.

Acum sunt numai doi în viață dar păstrază tradiția familiei.

Nu știu cum am dat în cartea Proverbe Românești făcută cadou de voi lui Virgil în 1968 peste un proverb tare urât, de o cruzime îngrozitoare, dar dacă poporul l-a creat pe baza observațiilor de ani și ani de zile și inspirit și din povestea biblică a celor doi frați Cain și Abel fii lui Adam și Eva (primul și-a omorât fratele mai mic) apoi să-l transcriu și eu ca încheiere la acest capitol:

"Cine ți-a scos ochii?
"Frate-meu."
"De aceea ți i-a scos așa de adânc!"

Iasi, near Trei Ierarhi Church, 2015

4 octombrie 1985
Am fost la grădinița fabricei de confecții la copii Marcelei că nu i-am văzut din primăvară cred. S-au făcut mari și frumoși,

blonzi ca niște îngeri. I-am dus puțin zahăr, ulei, făină că de-abia după 15 octombrie va lua și ea alimentele ce sunt raționalizate, că n-a avut dreptul la ele până nu are buletin de București.

Când am venit acasă se dădea mălai aici la noi la alimentara; era coada cam mare și un soare puternic ne bătea în cap, dar a mers destul de repede ca să mai iau 3 Kg, că de-acum vine iarna și-i bine; că dacă-i frig e mai greu de stat la coadă.

A venit Natalița, sora lui Ghiță.

Virgil zicea ca să nu vină. Dar astă vară când era Lia cu Luiza aici a venit și Lică și el n-a zis nimic; eu nici vorbă să mă opun, din contra m-am bucurat că mai am și eu cu cine schimba o vorbă.

Apoi acum a fost Forică și cu Lili dar din cauza discuțiilor ivite n-au dormit la noi, nu că eu m-aș fi opus, Doamne ferește! Și atunci el dece să facă gălăgie că Felicica n-a stat decât o noapte în camera mea, unde, cum știți am două paturi. Dar așa a fost el totdeauna contra neamurilor mele.

Near Isi, Palatul Cantacuzino, 2015

5 octombrie 1985

A plecat Nataliţa, prilej să mă mai duc şi eu în oraş că n-am mai fost de luni de zile. Era cald şi la ora 10 dimineaţa erau 26 de grade, mai târziu s-au făcut 29-30, că am scos flaneaua. Am trecut pe la magazinul dietetic, chiar în faţa Universităţii pe o străduţă nu ştiu cum îi zice, şi am vrut să-mi iau un covrig dar primeau marfă şi imediat s-a făcut coadă. Se primeau printre altele şi foi de plăcintă ce nu se mai văzuseră demult. Am luat două pachete ceea ce mi-a produs o mare bucurie.

USA, MA, Waltham, IBM, 1998

M-am dus apoi la doamna Nedelcu, vecina mea, profesoară de română să-i spun că citesc "Cel mai iubit dintre pământeni" de

M. Preda și să comentez cu dânsa, că nu am cu cine face acest lucru, dar surpriză mare. Dragoș, fiul ei a venit de la piață, și-a ras barba și-i tare frumos acum, și cumpărase brânză de vaci și ouă, portocale ce se găsesc destul de rar. Am plecat imediat și am cumpărat și eu ca să fac o plăcint că n-am mai făcut de multă vreme cu brânză de vaci ci numai cu mere. Virgil a stat în casă că are probleme cu burta, ca fata Tincuței, din cauză că mănâncă toate porcăriile de cârnați, neindicați pentru vârsta lui și nici pentru cei tineri în cantități așa de mari și așa de des! Dar așa vrea el și n-am ce-i face.

Sunt supărată că n-am mai primit scrisoare de la tine Sofica de exact o lună de zile. Sînt chiar îngrijorată, care să fie cauza? Poate din miile de cuvinte ce le-am așternut pe hârtia asta răbdătoare au fost unele care te-au scos din răbdări, sau care te-au supărat, sau care le-ai interpretat altfel din cauza mea că n-am reușit să le dau înțelesul dorit de mine. Oricare ar fi motivul te rog să mă ierți și să mă înțelegi cum ai făcut întotdeauna!

Și eu te cred pe tine, poate ai ajuns la saturație după atât amar de vreme dar consolează-te la gândul că n-o mai fi pe cât a fost! Și chiar dacă tu nu-mi vei mai răspunde eu voi căuta să stau de vorbă cu tine, mai rar, dar nu pot renunța definitiv.

Sau cine știe poate voi ajunge și în această fază că dacă nu te mai ajută puterile, dacă mâna va începe a tremura și a nu mai răspunde la comandă sau capul nu va mai putea emite comenzile n-ai ce face decât să te resemnezi sau să faci ceva ca să curmi cât mai repede această situație intolerabilă.

Dar se zice că tocmai în această situație, dorința de a trăi devine de neînvins, și lupta pentru orice clipă de viață devine crâncenă.

Dar realitatea unică și limitată a ființei noastre unice și limitate nu este decât o zbatere inutilă în ghiarele unor condiții din care nu există ieșire.

Stau singură la hotarul timpului pe țărmul abrupt al zilelor. N-am vrut să râd de nimeni ci numai de prostia omenească cuibărită în mine în cei 73 ani de viață mediocră și banală.

Dar fantastica banalitate a atins culmea în acest așa zis jurnal pe care m-am hotărât să-l sfârșesc, că-i un fel de robie voluntară pe care n-o mai pot suporta. D-apoi pentru tine e şi mai greu.

Aruncă-l în arzătorul de la bucătărie chiar fără a-l citi că nu pierzi nimica ci câştigi un timp care-i mai preţios ca orice.

Timpul care are răbdare cu oamenii ca mine şi-a pierdut răbdarea.

Eu nu încetez a vă iubi şi cred că fericirea prin iubire n-a încetat şi nu va înceta să existe pe pământ, ea va muri şi va renaşte perpetuum. Adevăr grăiesc ţie că viaţă fără dragoste nu se poate!

Pupa Ana Dediu
6 Ocombrie 1985

Other books

Michael M. Dediu is the editor of these books (also on Amazon.com):

1. Sophia Dediu: The life and its torrents – Ana. In Europe around 1920
2. Proceedings of the 4th International Conference "Advanced Composite Materials Engineering" COMAT 2012
3. Adolf Shvedchikov: I am an eternal child of spring – poems in English, Italian, French, German, Spanish and Russian
4. Adolf Shvedchikov: Life's Enigma – poems in English, Italian and Russian
5. Adolf Shvedchikov: Everyone wants to be HAPPY – poems in English, Spanish and Russian
6. Adolf Shvedchikov: My Life, My Love – poems in English, Italian and Russian
7. Adolf Shvedchikov: I am the gardener of love – poems in English and Russian
8. Adolf Shvedchikov: Amaretta di Saronno – poems in English and Russian
9. Adolf Shvedchikov: A Russian Rediscovers America
10. Adolf Shvedchikov: Parade of Life - poems in English and Russian
11. Adolf Shvedchikov: Overcoming Sorrow - poems in English and Russian
12. Sophia Dediu: Sophia meets Japan
13. Corneliu Leu: Roosevelt, Churchill, Stalin and Hitler: Their surprising role in Eastern Europe in 1944
14. Proceedings of the 5th International Conference "Computational Mechanics and Virtual Engineering" COMEC 2013
15. Georgeta Simion – Potanga: Beyond Imagination: A Thought-provoking novel inspired from mid-20th century events
16. Ana Dediu: The poetry of my life in Europe and The USA
17. Ana Dediu: The Four Graces
18. Proceedings of the 5th International Conference "Advanced Composite Materials Engineering" COMAT 2014

19. Sophia Dediu: Chocolate Cook Book: Is there such a thing as too much chocolate?
20. Sorin Vlase: Mechanical Identifiability in Automotive Engineering
21. Gabriel Dima: The Evolution of the Aerostructures – Concept and Technologies
22. Proceedings of the 6th International Conference "Computational Mechanics and Virtual Engineering" COMEC 2015
23. Sophia Dediu: Cook Book 1 A-B-C Common sense cooking
24. Sophia Dediu: Dim Sum Spring Festival

Michael M. Dediu is the author of these books (which can be found on Amazon.com):

1. Aphorisms and quotations – with examples and explanations
2. Axioms, aphorisms and quotations – with examples and explanations
3. 100 Great Personalities and their Quotations
4. Professor Petre P. Teodorescu – A Great Mathematician and Engineer
5. Professor Ioan Goia – A Dedicated Engineering Professor
6. Venice (Venezia) – a new perspective. A short presentation with photographs
7. La Serenissima (Venice) - a new photographic perspective. A short presentation with many photos
8. Grand Canal – Venice. A new photographic viewpoint. A short presentation with many photos
9. Piazza San Marco – Venice. A different photographic view. A short presentation with many photos
10. Roma (Rome) - La Città Eterna. A new photographic view. A short presentation with many photos
11. Why is Rome so Fascinating? A short presentation with many photos
12. Rome, Boston and Helsinki. A short photographic presentation
13. Rome and Tokyo – two captivating cities. A short photographic presentation
14. Beautiful Places on Earth – A new photographic presentation
15. From Niagara Falls to Mount Fuji via Rome - A novel photographic presentation
16. From the USA and Canada to Italy and Japan - A fresh photographic presentation
17. Paris – Why So Many Call This City Mon Amour - A lovely photographic presentation
18. The City of Light – Paris (La Ville-Lumière) - A kaleidoscopic photographic presentation
19. Paris (Lutetia Parisiorum) – the romance capital of the world - A kaleidoscopic photographic view
20. Paris and Tokyo – a joyful photographic presentation. With a preamble about the Universe

21. From USA to Japan via Canada – A cheerful photographic documentary
22. 200 Wonderful Places, In The Last 50 Years – A personal photographic documentary
23. Must see places in USA and Japan - A kaleidoscopic photographic documentary
24. Grandeurs of the World - A kaleidoscopic photographic documentary
25. Corneliu Leu – writer on the same wavelength as Mark Twain. An American viewpoint
26. From Berkeley to Pompeii via Rome – A kaleidoscopic photographic documentary
27. From America to Europe via Japan - A kaleidoscopic photographic documentary
28. Discover America and Japan - A photographic documentary
29. J. R. Lucas – philosopher on a creative parallel with Plato, An American viewpoint
30. From America to Switzerland via France - A photographic documentary
31. From Bretton Woods to New York via Cape Cod - A photographic documentary
32. Splendid Places on the Atlantic Coast of the U. S. A. - A photographic documentary
33. Fourteen nice Cities on three Continents - A photographic documentary
34. 17 Picturesque Cities on the World Map - A photographic documentary
35. Unforgettable Places from Four Continents including Trump buildings - A photographic documentary
36. Dediu Newsletter, Volume 1, Number 1, 6 December 2016 – Monthly news, review, comments and suggestions for a better and wiser world
37. Dediu Newsletter, Volume 1, Number 2, 6 January 2017 (available at www.derc.com).
38. Dediu Newsletter, Volume 1, Number 3, 6 February 2017 (available at www.derc.com).
39. London and Greenwich, A photographic documentary

40. Dediu Newsletter, Volume 1, Number 4, 6 March 2017 (available also at www.derc.com).
41. Dediu Newsletter, Volume 1, Number 5, 6 April 2017 (available also at www.derc.com).
42. Dediu Newsletter, Volume 1, Number 6, 6 May 2017 (available also at www.dcrc.com).
43. Dediu Newsletter, Volume 1, Number 7, 6 June 2017 (available also at www.derc.com).
44. London, Oxford and Cambridge, A photographic documentary
45. Dediu Newsletter, Volume 1, Number 8, 6 July 2017 (available also at www.derc.com).
46. Dediu Newsletter, Volume 1, Number 9, 6 August 2017 (available also at www.derc.com).
47. Dediu Newsletter, Volume 1, Number 10, 6 September 2017 (available also at www.derc.com).
48. Three Great Professors: President Woodrow Wilson, Historian Germán Arciniegas, Mathematician Gheorghe Vrănceanu, A chronological and photographic documentary
49. Dediu Newsletter, Volume 1, Number 11, 6 October 2017 (available also at www.derc.com).
50 Dediu Newsletter, Volume 1, Number 12, 6 November 2017 (available also at www.derc.com).
51 Dediu Newsletter, Volume 2, Number 1 (13), 6 December 2017 (available also at www.derc.com).
52 Two Great Leaders: Augustus and George Washington, A chronological and photographic documentary

www.ingramcontent.com/pod-product-compliance
Lightning Source LLC
Chambersburg PA
CBHW041608220426
43667CB00001B/6